SECRETS DES GRANDS VINS DE FRANCE

MINERVA

Les textes de cet ouvrage
sont de :

MICHEL VIDOUDEZ
(présentation des crus)
et JEAN DUPUY
(Variétés)

Crédits : Arthaud/Pix : 43b — Atlas : 46a —
Beaugeois/Pix : 21, 32b, 49a, 67a, 71, 91a —
Berenger/Pix : 27a — Berne/Fotogram : 16b —
Bibliothèque nationale, Paris : 10a, 12a —
Boutin/Atlas : 57a, b, 60d, e, 64a, 65b —
Boutin/Vloo : 56d, 60c, 88b — Bulloz : 7a, b —
Canavesio : 39c — Chambon/Vloo : 24a —
Chapman/Fotogram : 17b, 20a, 21b — Château
La Rivière : 69a — Cigogne/Pix : 81b, 84c —
Cin/Pix : 21a — Crozat : 67c — Dallet/Atlas :
65e — De Laubier/Pix : 66a — Dequest/Vloo :
11 — De Richemond/Pix : 48a — Deutsche
Weine Information : 9b — Devie/Vloo : 81a —
D'Herouville/Pix : 37b — Dumontier/Atlas :
73c, d — Dupaquier/Atlas : 39a — Dusart/Pix :
83b, 87b — Fiore : 9a — Gauthier/Pix : 41b,
53a — Giraudon : 8a, 12b, 13b — Granier/
Atlas : 85 a, b — Guillard M./Scope : 54, 63c,
91b — ITV : 42a, 76a — Jalain/Vloo : 50a, 51c,
68c — Kerith/Zefa : 16a — Langeland/Diaf :
45a, 79a — Lauros/Giraudon : 13a — Laval/
Vloo : 6a — Le Bot/Atlas : 77a — Lérault/Pix :
59a — Lievaux/Atlas : 91c — Lys/Pix : 38c —
Mackiewicz/ITV : 35a, 60a, 65c, 72b — Maher/
Zefa : 20b — Marmounier/Sirman : 46b, 47a,
57c, 88a, 89a, b — Meauxsoone/Pix : 52b —
Meignan/Diaf : 63c — Méry/Vloo : 6b, 35b —
Editions Minerva : 34e, 42c, 43a, 51a, b, 56c,
73e, 89c — Moës/Pix : 84a, b, d — Otani/Atlas :
47b — Pélissier/Vloo : 31c — Perrin/Pix : 87a —
Pix : 25b, 30a, 39b, 44a, 49b, 52b, 53b, 62a,
63a, 76b, 77b — Planchard/Pix : l0b — Ploquin/
Pix : 80a — Pratt/Pries/Diaf : 22b — Revault/
Pix : 56b — Roche/Vloo : 64b — Rozenweg/
Atlas : 18 — Sirman : 30b — Somelet/Diaf : 19a,
b, 28a, 29a, b, 36b, 37a, 52a, 67b, 74a, 75b —
Sudres/Scope : 23a — Téoulé/Pix : 58a, 59b,
70a, 75a, 78a — Trigalou/Pix : 40b — Tesson/
Vloo : 17a, 21c, 60b, 68d, 73a, 80b — Vieville/
Diaf : 83a, 86a — Vins du Beaujolais : 34c, d —
Voge/Pix : 40a — Zenobel/Pix : 38a, 56a.

 © Editions Minerva SA
Genève-Paris, 1992

*L'éditeur remercie vivement la
Maison de la Vigne et du Vin de
France à Paris pour son concours
ainsi que les syndicats des Grands
Crus pour l'utilisation de leurs
cartes.*

ISBN : 2-8307-0172-0

Printed in Italy

LE VIN
A TRAVERS
L'HISTOIRE

« Une montagne elle-même danserait de joie si tu l'abreuvais de vin. Il n'y a qu'un insensé qui puisse mépriser la coupe. Et tu oses m'ordonner de renoncer à ce jus de la treille ! Sache donc que le vin est une âme qui perfectionne l'homme. »

(Omar Khayam — Rubbayat)

La mythologie a fait tour à tour de Noé, Dionysos et Bacchus les inventeurs du vin. La culture de la vigne, comme celle d'autres arbres fruitiers, semble pourtant originaire de la vaste région constituée par le Caucase, l'Asie Mineure et l'Iran. Les plus anciennes lois relatives au vin et connues jusqu'à ce jour datent de 1700 avant J.-C. et ont été établies à Babylone par le roi Hammourabi. L'Egypte, si l'on en croit les fresques retrouvées dans les chambres funéraires, a constitué dans l'Antiquité un autre centre important de viticulture.

La vigne peut avoir été introduite en Grèce vers l'an 3000 avant J.-C., soit de Mésopotamie par l'Anatolie et le Bosphore, soit d'Egypte par Chypre et la Crète. Les Grecs ont eu de toute façon très tôt des liens maritimes avec le Proche-Orient et l'Egypte. De Grèce, la vigne passe en Italie vers l'an 2000, mais s'étend aussi, grâce aux colons qui fondent de nombreuses cités, le long des côtes méditerranéennes et jusqu'en Espagne.

Il semble que celle-ci, du moins à l'état sauvage, ait existé dans de multiples régions bien avant l'arrivée des Romains. Les importantes réserves de pépins découvertes en maints endroits lors de fouilles en témoignent. Ainsi à Marseille, par exemple, où les Phocéens avaient créé une colonie et planté leurs ceps. C'est cependant à partir de la conquête de la Gaule par Jules César et de l'expansion du vaste empire qui s'étendait d'Espagne à la mer Noire que la culture de la vigne prit de l'importance en Europe.

Les Grecs aimaient les raisins de Rhodes, de Macédoine, de Samos, de Lemnos, rouges comme l'argile de l'île des Cyclopes. Il n'est de secret pour personne que les Romains accordaient leur préférence au Falerne, issu de Campanie. Les vins des anciens, en général, ne ressemblaient que

Dans l'Egypte ancienne, la vigne est l'objet de soins attentifs. On admirera la grâce de ces jeunes hommes cueillant des grappes et l'on s'intéressera au foulage des grains.

Si les Romains introduisirent l'essentiel de la vigne en Gaule, ils commencèrent cependant par en interdire la culture — comme bien sûr la fabrication du vin — et cela pour des raisons purement économiques. Ils désiraient préserver leur propre production, très prisée des Gaulois, avec qui ils pratiquaient des échanges. C'est ainsi qu'ils obtenaient des oies, des porcs et des volailles, de même que du bois et de l'étain.

L'une des premières régions de l'Empire à fabriquer du vin fut la Provence. Les Gaulois, qui considéraient le vin entre autres comme un excellent médicament, se mirent aussitôt à le cultiver avec beaucoup d'énergie. A mesure que le vin progressait et se popularisait, la bière, fort appréciée jusque-là, reculait pour ne se maintenir finalement que dans le nord du pays.

Les Gaulois développèrent la vigne en lui accordant les soins les plus attentifs. Ils la taillèrent de façon particulière, commencèrent à remplacer les amphores et les outres de peau par des tonneaux de bois plus faciles à transporter et firent les premiers vins blancs en les bouchant et les sucrant avec du miel.

C'est alors que les grandes invasions, qui entraînèrent la chute de l'Empire romain et devaient tout détruire sur leur passage — puisque l'herbe n'était pas censée devoir repousser, et à plus forte raison la vigne ! — ravagèrent les vignobles et mirent en partie fin à la viticulture... jusqu'à Clovis, qui, en entrant dans l'Eglise pour des raisons éminemment politiques, en vint à aimer et défendre le vin, et à Dagobert, qui, au début du VIIᵉ siècle, possédait de très bons vignobles près de Paris et en Alsace. Charlemagne encouragea à son tour la production en publiant des lois qui protégeaient les nouveaux vignobles.

Au Moyen Age, l'Europe du Nord boit une grande quantité d'ale et de bière. La Hollande fabrique du gin et en exporte un peu. Pourtant le vin ne tarde pas à s'imposer en France et en Allemagne, où la production commence à devenir suffisante pour qu'on puisse songer à l'exportation, tandis que l'Angleterre en importe.

Si, après les Gaules, la culture de la vigne s'est étendue progressivement à la Germanie et aux pays du Danube, c'est bien sûr d'abord par le biais des Romains, mais aussi, et d'une façon non négligeable, par celui de l'Eglise. Avec le Christianisme, le vin prend une valeur symbolique et devient avec le pain un élément fondamental des pratiques religieuses. Pas étonnant dès lors que la viticulture se concentre autour des couvents — où elle est pratiquée avec un grand soin pendant la période obscure qui suit la chute de l'Empire romain — et se développe particulièrement le long des che-

bien peu aux nôtres. Les raisins, chez les Grecs, étaient conservés très longtemps sur les ceps en les tenant renfermés dans de petits vases de terre cuite, ou, chez les Romains, exposés au soleil pendant sept jours sur des claies suspendues. La plupart des vins chers et recherchés étaient liquoreux, épais, offrant presque la consistance du sirop. C'est pourquoi il fallait les couper, les délayer pour les boire.

Nous mettons notre vin à la cave, les Romains mettaient le leur au grenier. Les celliers étaient toujours exposés au midi. Après que le vin eut fermenté une année ou deux, on procédait au soutirage, opération qui consistait à le transvaser dans de grandes amphores, badigeonnées à l'intérieur avec de la poix fondue, ou parfois en verre. Dans tous les quartiers de Rome existaient des entrepôts où l'on pouvait le laisser vieillir, car on avait la passion du vin vieux.

Afin d'en adoucir l'âpreté, les anciens mêlaient leurs vins forts de miel ou y ajoutaient divers « parfums » comme de l'aloès, du goudron, des feuilles de pin, des amandes amères, des figues sèches, du thym, des baies de myrrhe, et même, semble-t-il, de l'eau de mer ou du vinaigre ! Peut-être ces mixtures étranges suffisent-elles à expliquer certaines affections gastriques restées historiques, comme celles de Jules César ou d'Auguste.

Les Hébreux, eux aussi, ont cultivé la vigne avec un succès certain. Celle-ci prospérait si admirablement en Palestine que les descriptions de grappes gigantesques — deux hommes suffisaient à peine à les porter — ne manquent pas. Les Hébreux avaient l'habitude de transvaser le vin, qu'ils trouvaient meilleur quand il avait subi plusieurs fois cette opération. Outre le vin de la vigne, ils appréciaient le vin d'orge des Egyptiens, ou le vin de dattes, consommé dans tout l'Orient.

mins de pèlerinage, comme celui de Compostelle, et que les évêques commencent à posséder des vignes à l'égal des rois.

Les moines défrichent chaque fois davantage et se mettent à clôturer leurs terrains. Ils se servent du vin pour la messe, pour laver les plaies, mettre au point de nouveaux médicaments, comme désinfectants en chirurgie, et ne dédaignent pas le gros rouge pour les frictions. En outre, ils le boivent volontiers, si volontiers même que la punition la plus dure dont ils puissent être l'objet consiste en privation de vin !

Moines et vignerons ouvrent des tavernes. Un balai ou une couronne de lierre sont les enseignes habituelles qui indiquent au passant qu'il peut entrer dans une cave pour y goûter le vin nouveau.

En France, les vignerons ont de la peine à faire face à la dîme des églises et des couvents, en plus des droits seigneuriaux. Pas étonnant dès lors que ce soit surtout chez les moines que le vin se développe. Les bénédictins de Cluny commencent à cultiver la vigne vers 910 et les moines de Clairveaux à partir de 1115. Ils font de longs apprentissages et des stages qui peuvent durer jusqu'à trois ans, souvent à l'étranger. La Bavière, par exemple, les accueille au cloître de Kremsmunster. C'est aux Cisterciens établis à Nuits que l'on doit entre autres le

A gauche : récolte des raisins dans la Grèce antique. Ci-dessus, allégorie : le foulage est assuré par les enfants. A droite : navire empli de tonneaux, installation de plusieurs amphores dans les vestiges d'un cabaret d'Herculanum.

Clos-Vougeot, et aux chanoines de la cathé-
drale d'Autun, le Meursault et le Pommard.
Lorsque les papes s'établirent en Avignon,
jean XXII prit une vigne à Châteauneuf-
Colcernier, qui conserve le souvenir de son
illustre propriétaire à travers le vin qu'elle
donne encore aujourd'hui : le Châteauneuf-
du-Pape.

Les hommes d'Eglise et les rois n'étaient
pas, dit-on, seuls à apprécier les vins.
Jeanne d'Arc elle-même en buvait une
bonne rasade avant de se rendre au combat.
Quant à Charles le Téméraire, il envoyait
chaque année à son ennemi Louis XI, malgré la guerre qui les opposait, de quoi
s'abreuver en Bourgogne.

On mélangeait, au Moyen Age, encore
très volontiers le vin avec des herbes :
absinthe, myrte, anis, romarin, ou encore
avec du miel.

Charles Quint était grand amateur de
vins du Jura, et François Ier aimait particulièrement le Vouvray. Henry IV, qui goûtait
à toutes les coupes, préféra le jurançon, vin
de sa terre natale et dont son père lui avait
humecté les lèvres le jour de sa naissance.
Louis XIV, comme Napoléon, appréciait
avant tout le chambertin. Louis Charpen-
tier, dans son ouvrage « Le mystère du
vin », reproche au premier de n'avoir point
été un « grand monarque » et en donne
pour preuve qu'il coupait d'eau les vins les
meilleurs, les nuits, les vosnes. C'est sous
son règne que s'engagea la « bataille des
vins » qui opposait le bourgogne au champagne, tous les deux préconisés avec le
même zèle par les médecins. C'est à la
même époque que Dom Pérignon se mit à
accorder trente ans de sa vie à améliorer ce
vin de la région de Reims qui devait avoir
tant de succès sous Louis XV, au XVIIIe, et
de nos jours.

Le vin, dont les soldats de Louis XVI
abusaient, favorisa-t-il la fin de la monarchie française ? Il est certain en tout cas

qu'il fut apprécié par de nombreux révolutionnaires.

Pendant la campagne napoléonienne, le vin et l'eau-de-vie en quantité suffisante accompagnaient les troupes, et les couvents

A gauche : la vendange au Moyen Age (détail de l'une des miniatures des *Très riches Heures du Duc de Berry*) ; statue de saint Vincent, patron des vignerons (bois sculpté, à Montreuil-Bellay). Ci-dessus : vendanges à l'époque de la Renaissance.

réapprovisionnaient les soldats en cas de besoin.

L'Ancien Régime avait cependant eu le mérite d'instituer certaines formes de contrôle de la production des vins et par là même de leur qualité, la liberté complète qui suivit la Révolution n'ayant pas souvent eu d'heureuses conséquences. On le voit par exemple à l'histoire du vignoble parisien, qui fut créé par les moines de Saint-Denis avec l'aval de Dagobert et de Pépin le Bref : ses vins furent d'abord ceux des rois, puis ils alimentèrent également les tables des princes et des bourgeois.

Ces vins justifièrent longtemps leur répu-

tation, mais quand ils commencèrent à décliner sous l'influence des cabaretiers qui voulaient acheter à bas prix, la monarchie institua une règle interdisant à ceux-ci de s'approvisionner à moins de vingt lieues de Paris. La Révolution abrogea évidemment cet édit royal et le vignoble parisien, privé en outre de toutes les structures sociales sur lesquelles il reposait, finit de se dégrader, n'en déplaise aux Montmartrois qui continuent de célébrer le jus de leur treille.

La fin des XVIIᵉ et XVIIIᵉ siècles vit aussi deux petites révolutions. Tout d'abord l'invention du bouchon de liège et, par conséquent, l'utilisation moderne de la bou-

teille de verre, puis le retour en grâce des rouges, vieillis, par rapport aux rosés. Le vin européen prenait ses caractéristiques modernes.

Cependant la modernité prit aussi des visages inquiétants, en particulier quand elle fut synonyme de production de masse. Ainsi du vignoble languedocien, deux fois « descendu » des coteaux originels qui lui allaient si bien pour s'étendre en plaine, d'abord quand fut ouvert le canal du Midi, puis à nouveau au XIXᵉ siècle, avec l'essor du chemin de fer. Les volumes récoltés augmentèrent dans des proportions considérables pour atteindre jusqu'à 34 millions d'hectolitres en 1935, mais la qualité n'y était plus.

Après la démocratisation de la consommation du vin, ancrée dans les mentalités par les souvenirs des « poilus » attachés à leur « quart de pinard », il fallut une autre évolution du goût du public pour amorcer le retour à la qualité. En effet, depuis la fin de la Seconde Guerre mondiale, la consommation quotidienne de vin des Français se ralentit, en même temps que l'élévation du niveau de vie rend accessible des crus plus raffinés. Mais il est difficile pour les viticulteurs de passer rapidement du vin de table aux grands vins, ne serait-ce qu'à cause du rythme très lent du renouvellement des plantations, et le vignoble du Languedoc connut de profondes crises avant de pouvoir proposer des produits de qualité. Dans une moindre mesure il en alla de même à travers toute la France vigneronne où se poursuit avec passion un mouvement général d'amélioration des vins.

Les vins, et les bons en particulier, font aujourd'hui de plus en plus d'adeptes. La faveur dont ils jouissent n'est pourtant pas nouvelle. De tout temps et dans de très nombreuses contrées, l'homme a cherché dans le vin un plaisir fait aussi de fraternité. Et même dans l'Islam d'Omar Khayam, où il s'est pourtant toujours trouvé en opposition aux prescriptions sévères de la religion. Pour le poète persan, l'important n'est pas seulement le vin mais aussi celui avec qui on le partage. On les choisira tous les deux avec le même soin. Puisque le vin est aussi « un grain de beauté sur la joue de l'intelligence ».

Scène de vendanges. Un banquet, joyeusement arrosé, sous la Révolution française. Lithographie du XIXᵉ siècle, intitulée : *Les connaisseurs de vin.* **A droite : buveurs, dans un cabaret mondain, par Raoul Dufy (Paris, Musée d'Art moderne) ; deux femmes buvant, par Pablo Picasso (New York, collection Walter P. Chrysler).**

VINS DE BOURGOGNE

La Bourgogne viticole, telle qu'elle est définie par un jugement du tribunal civil de Dijon (capitale de la province), s'étend sur quatre départements, soit, du nord au sud : l'Yonne, la Côte-d'Or, la Saône-et-Loire et l'arrondissement de Villefranche-sur-Saône, dans le Rhône. Elle se divise en cinq sous-régions : Chablis, (département de l'Yonne), Côte d'Or, (département de la Côte-d'Or), comprenant la Côte de Nuits et la Côte de Beaune, la Côte chalonnaise, (département de Saône-et-Loire), Mâconnais (département de Saône-et-Loire) et Beaujolais (départements de Saône-et-Loire et du Rhône).

La culture de la vigne a sans doute commencé en Bourgogne à l'époque gallo-romaine et peut-être même avant. Mais le vignoble bourguignon est surtout l'œuvre des monastères : dès le XIIe siècle, grâce aux moines de Cîteaux, les vins de Bourgogne étaient déjà célèbres.

Les grands bourgognes ne tolèrent qu'un seul cépage noble : le pinot noir pour les vins rouges et le chardonnay pour les vins

Deux aspects du vignoble de Meursault. A droite : bouteilles de crus bourguignons divers et château de Meursault.

blancs. L'aligoté, cépage blanc assez ordinaire, produit généreusement un vin qui porte son nom, cela sur tout le territoire de la Bourgogne. Sont encore admis le pinot beurot, raisin rosé peu répandu, le pinot blanc, variante blanche du pinot noir, dont les vins n'ont ni la finesse ni la richesse de ceux issus du chardonnay. Naturellement, on rencontre le gamay dans la Bourgogne du Sud (Mâconnais et surtout Beaujolais). Dans l'Yonne, on trouve le César et le Tressot (rouges) et le Sacy (blanc).

Un amateur désirant réunir une collection complète des appellations de Bourgogne ne devrait pas se procurer moins de 470 étiquettes différentes. A défaut de pouvoir les énumérer toutes ici, nous nous contenterons de rappeler la classification simplifiée usuelle :

A) *Les appellations contrôlées des grands crus.* Ce sont celles des vins les plus renommés tels que Chambertin, Clos-Vougeot, Musigny, Romanée-Conti, Richebourg, Clos-Saint-Denis, Corton, Pommard, en vins rouges ; Musigny, Corton-Charlemagne, Montrachet, Chevalier-Montrachet, Bâtard-Montrachet, Chassagne-Montrachet, en vins blancs. Ces appellations grands crus concernent aussi les « Climats » de bonne notoriété. Une commune a souvent plusieurs appellations de ce genre. Ainsi Gevrey-Chambertin n'en possède pas moins de six : Chapelle-Chambertin, Charmes-Chambertin et Griottes-Chambertin, Mazis-Chambertin et Latricières Chambertin.

B) *Les appellations « villages ».* C'est le cas de tous les villages de la Côte de Nuits et de la Côte de Beaune. Les côte-de-beaune-villages, par exemple, proviennent des vins d'une quinzaine de communes situées dans l'aire d'appellation contrôlée, mais dans lesquelles il n'existe pas de grands crus.

C) *Les appellations contrôlées régionales.* Elles s'appliquent à des vins récoltés en Bourgogne et classés « Bourgogne » et « Bourgogne Grand Ordinaire » (rouges, rosés et blancs), Bourgogne-Passe-Tout-Grain (rouges et rosés) et Bourgogne Aligoté (blancs).

La gamme de Bourgogne est telle qu'il est difficile de fournir des indications sur les accords des mets avec ces vins.

Le mieux est d'évoquer des cas particuliers : les omelettes aux champignons ou aux truffes s'accorderont avec un Chambertin, un Romanée ou un Clos-Vougeot ; pour un poulet en sauce : Bourgogne-Passe-Tout-Grain ; pour un poulet rôti : vins rouges souples tels que Fleurie, Saint-Amour, Mercurey, Pernand-Vergelesses, Monthélie, Volnay, Fixin. Avec une dinde, une pintade ou une oie aux marrons, un perdreau : Musigny, Bonnes-Mares, Clos-de-Tart, Richebourg, la Tâche, Romanée-Conti.

Pour le gros gibier (marcassin, chevreuil, cerf) : toute la gamme des côtes de Nuits, avec de préférence des crus très corsés ; pour le bœuf et le porc : les mêmes vins que pour le poulet rôti.

LE TASTEVIN DE BOURGOGNE

Jadis utilisée un peu partout et notamment en Bordelais où elle avait une forme en soucoupe avec un renflement central, la « tasse de vin » fait mieux que survivre dans la province de Bourgogne, où on la nomme tastevin (prononcer : tâte-vin). En choisissant cet objet vigneron comme signe de ralliement, la plus fameuse des confréries vineuses a beaucoup fait pour sa popularité, mais, même sans les Chevaliers, la tasse en question aurait continué à faire partie du quotidien bourguignon. Sa forme, qui n'est peut-être pas la meilleure du point de vue œnologique, permet en effet de toujours l'avoir en poche, tandis que l'argent dont elle faite (ou seulement recouverte) convient mieux que le verre pour des dégustations ayant pour cadre les sombres caves de Bourgogne.

L'origine du tastevin remonte au début du XVIIe siècle et, petit à petit, sa forme a évolué jusqu'à ce que soient adoptés l'évasement actuel, idéal pour bien humer le vin, ainsi que les « cupules », les « stries » et les « boutons » qui aident à en apprécier la couleur et la limpidité. Sous le nom de « tâte-vin », ce gobelet est utilisé dans d'autres vignobles, avec des formes légèrement différentes.

AVANT DE SERVIR UN BOURGOGNE

Comme pour tout grand vin, la mise en température d'un Bourgogne doit être lente et se pratique quelques heures avant le moment de servir. Il est recommandé généralement de déboucher le Bourgogne une à deux heures à l'avance, temps qui sera mis à profit pour passer éventuellement en carafe un vin resté jeune, de façon à en développer le bouquet grâce à une bonne oxygénation. Une vieille bouteille dans laquelle un léget dépôt s'est formé peut au contraire nécessiter l'usage du panier-verseur, à moins que son grand âge n'impose une décantation, à pratiquer dans ce cas immédiatement avant le service.

Selon que l'on dispose de gros verres tulipes ou de verres ballons (les traditionnels « verres à Bourgogne »), on versera la valeur d'une moitié de verre ou entre le tiers et le quart, de façon à laisser au vin « la place pour tourner et s'exprimer », autrement dit pour que l'on puisse mettre en valeur la robe et le nez du vin, en imprimant au verre un mouvement de rotation.

LA GRANDE FAMILLE DES BOURGUIGNONNES

Les bouteilles de vin de Bourgogne constituent, à côté de celles de Bordeaux, l'une des deux grandes familles françaises de la catégorie. Au total, la bourguignonne bien connue de 75 cl — épaules allongées, goulot court — est déclinée de façon courante en une vingtaine de modèles, contenant de 18,7 cl à 3 litres, en passant par le magnum de 150 cl.

La teinte du verre la plus couramment employée est dite « feuille morte » : elle accompagne tous les vins rouges ainsi que certains grands vins blancs ; cependant quelques vins blancs secs se distinguent par une bouteille de teinte verte, tandis que le verre incolore apparaît aussi quelquefois au détour d'une cave.

En outre, plusieurs vins d'exception voient leurs vertus magnifiées par des bouteilles d'un modèle spécial, le plus souvent inspiré des flacons d'autrefois.

LA CHANTEFLUTE DE MERCUREY

Moins universellement connue que le tastevin, la chanteflûte a été mise à l'honneur par les vignerons de Mercurey : sous ce nom charmant se cache la classique pipette de verre qui sert à tirer un peu de vin par la bonde d'un fût. Chaque premier samedi de mai a lieu à Mercurey la cérémonie du Chante-Flûtage, inspirée du Tastevinage du château du Clos-de-Vougeot. Ainsi, chacun des vins distingués à cette occasion par les membres du jury, qui sont « vignerons de la Confrérie et doctes connaisseurs », porte-t-il une contre-étiquette précisant notamment que « Chante Flûté au pays de Mercurey, provenant des coteaux du Val d'Or, ce vin a été recueilli, élevé et vieilli en fûts de chêne selon les coutumes de Bourgogne ».

LES CLOS, LES CRUS ET LES CLIMATS

Le vignoble bourguignon se présente comme une tapisserie chatoyante dont on peut détailler les nuances à l'infini, jusqu'à ces clos « cartes de visite » qui ne couvrent que quelques ares (8,86 ares exactement pour le plus petit viticulteur du Clos-Vougeot) et dont on ne trouve guère d'équivalent ailleurs. Le terme même de clos renvoie à l'individualisme bien connu des vignerons de Bourgogne, qui commencèrent dès le début de notre ère

à clore de murs leurs parcelles.
Ces clos portaient en germe ce que l'on nomme aujourd'hui le « climat » : alors que l'Alsace considère d'abord le cépage, la Champagne, la marque et le Bordelais, le château, la Bourgogne s'attache au cru. Le « climat », qui correspond presque toujours à un lieu-dit cadastré, est le produit de l'alchimie combinant un cépage bien défini et un seul, avec une géologie particulière, un microclimat tout aussi spécifique, et surtout avec le tour de main que chaque vigneron a hérité de ses ancêtres.

A gauche : scène de vendanges près de Tonnerre ; ci-dessous et à droite : à la cave, les vignerons s'apprêtent à goûter le vin.

DES MOINES ASSOIFFES

L'illustration de certaines étiquettes de Bourgogne le rappelle : les monastères ont joué un rôle fondamental dans la mise en place de ce vignoble, en particulier l'abbaye de Cîteaux à laquelle se rattache le prestigieux Clos de Vougeot. Dès le haut Moyen Age et dans toute la province, les moines se transformèrent en vignerons habiles et en négociants avisés, mais ils n'en étaient que plus hommes et donc soumis à la tentation. C'est pourquoi les instances supérieures de

l'Eglise complétèrent les règles monastiques en spécifiant qu'il ne fallait pas boire plus d'un seul verre de vin par repas.
Entre autres musées du vin, le château de Rully, dans les caves voûtées d'ogives duquel vieillissent les bouteilles du cru, montre encore comment certains bons moines se conformèrent à la règle sans vraiment changer leurs habitudes. Il y est en effet conservé un verre hors de proportion dont on devait se saisir à deux mains car, selon la mesure d'aujourd'hui, sa contenance dépasse les trois litres !

COTES DE BEAUNE

La Côte de Beaune est la moitié méridionale du département de la Côte-d'Or. Elle commence à Ladoix, à proximité de la Côte de Nuits et s'étend sur près de 25 kilomètres jusque vers Santenay, couvrant 3 000 hectares de vignes, soit à peu près le double de la superficie de la Côte de Nuits. Elle doit son nom à la ville principale, Beaune, « capitale des vins de Bourgogne », nom aussi familier aux négociants, importateurs et exportateurs de vin que l'est Chicago aux fabricants de conserve de viande.

Les vins rouges de la Côte de Beaune ont beaucoup de charme et de finesse, ils sont plus discrets, moins puissants que ceux de la Côte de Nuits, et on les dit souvent plus « féminins » que ceux-ci. Ils se font plus rapidement que leurs voisins de Nuits mais bénéficient d'une moins grande longévité.

Les appellations sont soit communales, « Beaune », soit de cru, « Montrachet ». Un vin qui porte l'appellation Côte de Beaune précédée d'un nom de commune est un vin secondaire, provenant de cette commune spécifique. Malgré son prix relativement modeste, il sera très souvent excellent. Le coupage entre eux de ces vins rouges se vend sous le nom de Côte de Beaune Villages.

Aloxe-Corton fait charnière avec la Côte de Nuits, aussi retrouve-t-on dans ses crus les caractéristiques des deux côtes. Ils possèdent la fermeté et la sève des « Nuits », ce qui leur confère une remarquable vitalité pour vieillir, mais ils expriment déjà la finesse des « Beaune ». Les cortons rouges des grandes années sont probablement les meilleurs et certainement les vins de plus longue garde de toute la Côte de Beaune.

La commune voisine, Pernand-Vergelesses, produit des vins vigoureux, ardents et de fort bonne garde. Savigny propose des rouges plus légers, bouquetés, sagement équilibrés ; ils peuvent se boire jeunes mais savent vieillir gaillardement. Quant à Beaune, auréolé de son titre de capitale, on y élève un vin soyeux, tout en finesse, et qui acquiert un délicat bouquet

en prenant tranquillement de l'âge.

Pommard est une commune qui, avec ses 340 hectares, produit l'une des quantités les plus importantes de toute la Côte d'Or. Le terroir volcanique formé par les coulées de lave, au temps où *Volnay* était un volcan, donne un vin mâle, puissant, à forte corpulence. Trop jeune, il vous empoigne sans ménagement. Aussi convient-il de le bien laisser vieillir pour clamer son ardeur. C'est un vin de garde par excellence, à ne pas déboucher avant cinq ou mieux dix ans ! Il est alors charnu et plein, équilibré, coloré mais sans excès, fruité et de grande race. Volnay propose des vins gracieux, clairs de robe et harmonieusement équilibrés. Ils ont la réputation de figurer parmi les vins bourguignons les plus délicats. *Montbélie* offre des vins fermes, de grande distinction, proches de ceux de Volnay, et qui mériteraient incontestablement une plus grande renommée. Tout comme ceux d'Auxey-Duresses, qui accusent une forte ressemblance avec les Pommard, et Saint-Romain, où le cru est apprécié pour sa finesse et sa fraîcheur.

Commune la plus méridionale de la Côte d'Or, Santenay présente des rouges assez pleins et veloutés. Légèrement framboisés, ils dégagent pleinement leur bouquet à cinq ans.

Le château Corton à Aloxe-Corton. A droite et ci-dessus : vignes et propriétés à Gevrey-Chambertin. Première cuvée. En pages suivantes : vignoble de Bourgogne.

PAS D'EAU DANS LE VIN DE BOURGOGNE !

Venir prendre les eaux sur la Côte de Beaune, cela semble incongru, et pourtant le thermalisme est toujours une spécialité de Santenay, cité par ailleurs fort appréciée pour ses vins rouges de longue garde. La très ancienne réputation thermale du lieu lui valut de s'appeler Santenay-les-Bains, jusqu'à ce que ses vignerons obtiennent la suppression d'une épithète d'autant plus gênante que les eaux en question, très riches en lithium, sont souveraines pour le traitement de la goutte...

LA PLUS GRANDE VENTE DE CHARITE DU MONDE

A Beaune, année après année, les enchères sont de plus en plus spectaculaires car la demande internationale excède l'offre en « grands vins des Hospices ». Et, comme la moitié du produit de ces ventes revient aux Hospices, on a pu dire que cette manifestation était la plus grande vente de charité de la planète. C'est en tout cas grâce au produit de ce négoce que l'Hôtel-Dieu et le nouvel hôpital ont pu être rénovés, car la vénérable institution a toujours pour vocation première de soulager les maux d'autrui, fonction qui incombe encore à l'ordre de religieuses hospitalières.

LES COQUETTERIES DE L'EMPEREUR

Dans le très pittoresque village d'Aloxe-Corton (prononcer Alosse et ainsi de tous les « x » de Bourgogne, Fixey, Fixin, etc.), où l'on vendange encore avec les traditionnels benatons d'osier, on aime à rappeler que Charlemagne possédait ici des vignes produisant un excellent vin rouge, mais que, lassé de s'en rougir la moustache — pour ne rien dire de sa fameuse barbe —, il les aurait fait replanter en blanc.
Le Corton-Charlemagne d'aujourd'hui serait ainsi un héritage de l'empereur, en plus d'être l'un des blancs les plus prestigieux de Bourgogne. La cuvée de cette appellation vendue par les Hospices de Beaune figure même parmi les vins les plus chers du monde.

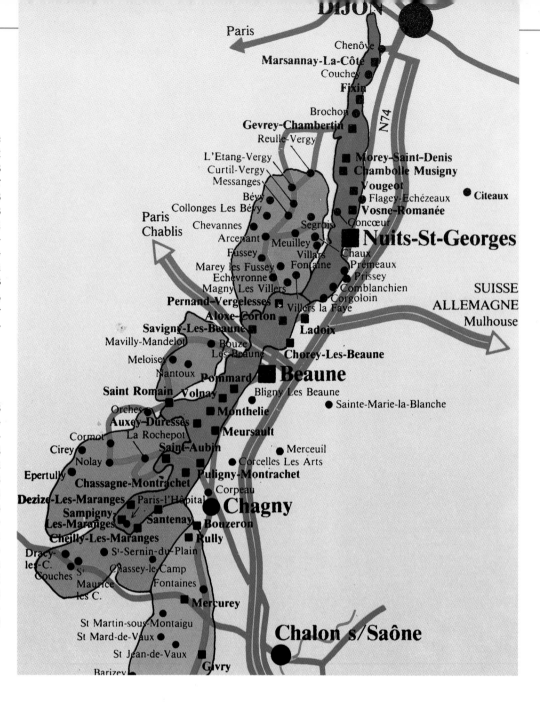

BEAUNE, NEE SOUS LE SIGNE DE L'EAU

Au royaume du pinot noir on ne s'en vante guère, mais la capitale du Bourgogne est bel et bien placée sous le patronage de l'eau la plus pure. Beaune fut en effet fondée autour d'un sanctuaire gaulois célébrant la source sacrée de l'Aigue et le nom de la cité vient de celui de Belenos, le dieu des eaux vives.
Le temps de la chrétienté venu, les Beaunois réparèrent ce coup du sort en se plaçant sous la protection d'une Vierge un peu particulière, que l'on voit encore sur le blason de la ville, donnant une grappe de raisin à l'Enfant Jésus.

PREMIERS CRUS ET DERNIERES VOLONTES

Il y a plusieurs centaines d'années que le « vin de Beaune » déchaîne les passions des amateurs, comme le montrent deux anecdotes datant du XVᵉ siècle. Dans le registre tragique, c'est le duc de Clarence, comploteur notoire condamné au billot par son frère Edouard IV, qui implore : « Je désire être noyé dans un tonneau de vin de Beaune pour que ma mort soit sans effort et douce. »

Plus souriante est la phrase que l'auteur inconnu de *La Farce de Maître Pierre Pathelin* mit sous la plume de son héros, lui faisant déclarer dans son testament qu'il souhaitait être enterré « dessous un muid de vin de Beaune ».

A gauche : pressoir ancien à Avize, ci-dessus : aux abords du vignoble de Beaune.

LA PREMIERE DES « TROIS GLORIEUSES »

Se trouvant à la tête d'un domaine viticole prestigieux qui s'étend notamment sur Beaune, Aloxe-Corton et Meursault, les Hospices de Beaune commercialisent la production de leurs 25 vignerons à l'occasion d'une célébrissime vente aux enchères annuelle, inaugurée en 1859 et qui jouit depuis lors d'un retentissement mondial.

Traditionnellement fixée au troisième dimanche de novembre, cette cérémonie a pour cadre la grande halle des Hospices tendue de tapisseries flamandes, et elle voit le commissaire-priseur opérer « à la chandelle ».

PETITS ET GRANDS MILLESIMES

A chaque année son vin, c'est bien connu, mais sait-on à quel point le vigneron de Bourgogne doit posséder son art pour s'adapter au caractère de chaque vendange ?

Suivant que l'année aura été froide ou chaude, par exemple, la cuvaison se poursuivra de quatre à douze jours, avant que ne commence l'épisode délicat de la fermentation dans des barriques, en caves « chaudes ». Après quoi le vin est mis en fûts et descendu en caves « fraîches » où il attendra entre un an et demi et trois ans, suivant les cas.

La mise en bouteille intervient alors et la longue garde peut commencer : découvert seulement au milieu du XVIIIᵉ siècle, ce procédé qui améliore grandement les qualités du bon vin prend de six à douze ans pour les Côtes-de-Beaune, la plus longue durée magnifiant les plus grands millésimes.

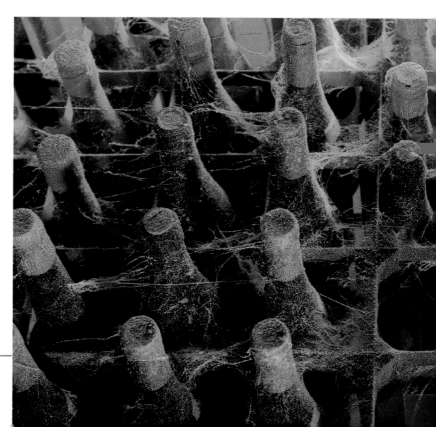

COTE DE NUITS

C'est à Fixin, à une douzaine de kilomètres au sud de Dijon, que commencent les fabuleux vignobles de la Côte de Nuits, avec leur sol véritablement inestimable. Ils s'étendent sur une vingtaine de kilomètres jusqu'au sud de Nuits-Saint-Georges, l'ag-glomération qui leur donne son nom. De cette bande étroite de collines gracieuse-ment arrondies proviennent quelques-uns des vins rouges les plus cotés du monde.

En Côte de Nuits, tous les climats sont exposés au sud-est et les rayons du soleil levant aspirent l'humidité le long des pous-ses de vigne. C'est à mi-hauteur que se trouvent les meilleurs terroirs. Ils se marient à merveille avec le microclimat pour donner les meilleurs vins, présentant la gamme qualitative la plus complète. Paradoxalement, les vins de la Côte de Nuits ont tous un air de famille, et, pour-tant, dans aucun secteur vinicole on ne trouve une telle variété de bouquets et de goûts. En voici quelques aperçus : *Fixin* produit des vins colorés et pleins de tempé-rament, qui sont peut-être insuffisamment connus.

Non loin de là, c'est *Gevrey-Chambertin*, un haut lieu qui doit son nom au vigneron Bertin. Les chambertins mêlent délicatesse et vigueur et s'affinent admirablement en vieillissant. Ils sont longs en bouche et changent de robe avec les ans, virant du pourpre au « tuilé ».

Tout à côté, Morey-Saint-Denis élabore

Ci-dessus : les Hospices de Beaune, célèbres par leur vente annuelle. Ci-contre, le « tas-tevin », dans lequel on doit goûter les crus de Bourgogne. A droite : la vente « à la chandelle » (terminée lorsque cette dernière est éteinte) et une salle du musée du Vin.

des vins racés, bien constitués, avec un bouquet très riche de fraise ou de violette, évoquant aussi parfois la truffe. *Chambolle-Musigny*, avec ses rochers à fleur de terre, produit un vin suave au bouquet fleurant la violette et le cassis. Plus féminins que les chambertins — beaucoup d'œnologues s'accordent à les trouver les plus fins et les plus délicats de la Côte de Nuits —, ils ont la réputation de « se faire » rapidement, mais de rester de bonne garde pendant très longtemps.

Si Vougeot est célèbre par son grand cru de réputation mondiale, *Clos-Vougeot*, la commune l'est aussi par son château pittoresque, propriété de la Confrérie des Chevaliers du Tastevin. Vougeot présente la particularité d'occuper une superficie plus petite que celle du climat « Clos-Vougeot ». En effet, le clos de Vougeot occupe plus de

50 hectares, alors que le vignoble de Vougeot proprement dit n'en compte qu'une douzaine. Le Clos-Vougeot est un vin faste, à carrure souple, d'une extrême finesse, mais qui, à l'inverse de son voisin le

Chambolle-Musigny, ne se presse pas à prendre de l'âge mais le prend bien.

Vosne-Romanée possède des terroirs qui donnent des crus moins corsés mais qui vont s'arrondissant avec les ans. Cette commune, bien que sa production totale soit faible, est probablement la plus remarquable de France : c'est là que naissent les vins souples et brillants, dégageant un arôme persistant de framboise, qui ont nom Richebourg et toute la gamme des romanées prestigieux : Romanée Conti, Romanée-Saint-Vivant, Echezeaux.

Enfin, *Nuits-Saint-Georges* voit s'élaborer des rouges généreux et bien équilibrés. Ils ont moins de fermeté et de vigueur que les gevreys, mais plus de corps et de couleur que les chambolle-musigny. Ils conservent toute leur tenue après trente ans de bouteille, et au-delà.

LA « PAULÉE » DE MEURSAULT

Fixée au lundi suivant le troisième dimanche de novembre, la « paulée » de Meursault constitue par conséquent la dernière des « Trois Glorieuses ».

Elle fut instaurée en 1925 par le comte Lafon, un viticulteur qui souhaitait réunir en un seul banquet tous les repas de fin de vendange se déroulant dans chacune des exploitations du village. Chaque vigneron rivalisant de générosité en apportant des bouteilles de son propre vin, on imagine que, des trois fêtes, la « paulée » est celle où l'on est le plus enclin à boire.

DES CHEVALIERS A LA MINE RUBICONDE

En 1934, à Nuits-Saint-Georges, fut fondée la confrérie des Chevaliers du Tastevin, qui est à la fois le modèle du genre et la plus prestigieuse de toutes les assemblées vineuses imaginées par la suite. Le fief de la confrérie est maintenant le château du Clos-Vougeot, qui constitue un cadre idéal à la vingtaine de chapitres qu'elle organise chaque année.

A ces occasions sont conviées des centaines d'amateurs de Bourgogne, venus parfois du bout du monde, et les plus méritants d'entre eux s'entendent appliquer la célèbre formule d'intronisation : « Par Noé, père de la vigne, par Bacchus, dieu du vin, par saint Vincent, patron des vignerons, nous vous armons chevalier du Tastevin ».

POUILLY-FUISSE, C'EST L'AMERIQUE

Juste avant que ne commence le Beaujolais, le vignoble de Pouilly-Fuissé paraît comme une houle que fendraient les proues des roches de Vergisson et de Solutré. Là, à Pouilly, dans les caves voûtées de belles maisons mâconnaises à galerie, sont élevés, en fûts de chêne, des vins blancs dont les prix atteignent des sommets comparables à ceux des Chablis ou même des Meursault. Secs, racés et fruités, ces crus à la robe d'or-vert sont en effet particulièrement appréciés outre-Atlantique, et telle est la direction que prend la plus grande partie de la production locale.

MONTRACHET, LE PLUS GRAND ?

De l'avis des Bourguignons, le vin de Montrachet est le plus grand vin sec du monde. A ceux qui se demandent quelle est alors la place du Meursault, les connaisseurs expliquent que ce dernier est de style roman, tandis que le Montrachet est du pur gothique flamboyant... Ce « feu » exceptionnel d'un cru qui ne l'est pas moins — Alexandre Dumas recommandait de le boire « à genoux et la tête découverte » — viendrait d'une faculté particulière de la vigne à absorber le soleil. Du moins c'est ce qui se dit sur la Côte de Beaune.

LES CEPAGES DES GRANDS BOURGOGNES BLANCS

Les grands vins blancs comme le Meursault, le Montrachet, le Pouilly-Fuissé et le Chablis ont en commun le cépage : le classique Chardonnay que l'on retrouve notamment en Champagne et dans le Jura. Il doit son nom au village de Chardonnay, sis dans le Clunisos et où, naturellement, on produit un cru homonyme. Dans l'Yonne, on appelle cependant ce cépage le « beaunois », tandis que de nombreux connaisseurs continuent de parler à son propos de Pinot blanc, pensant qu'il s'agit d'une variété du cépage-roi des grands vins rouges de la province.

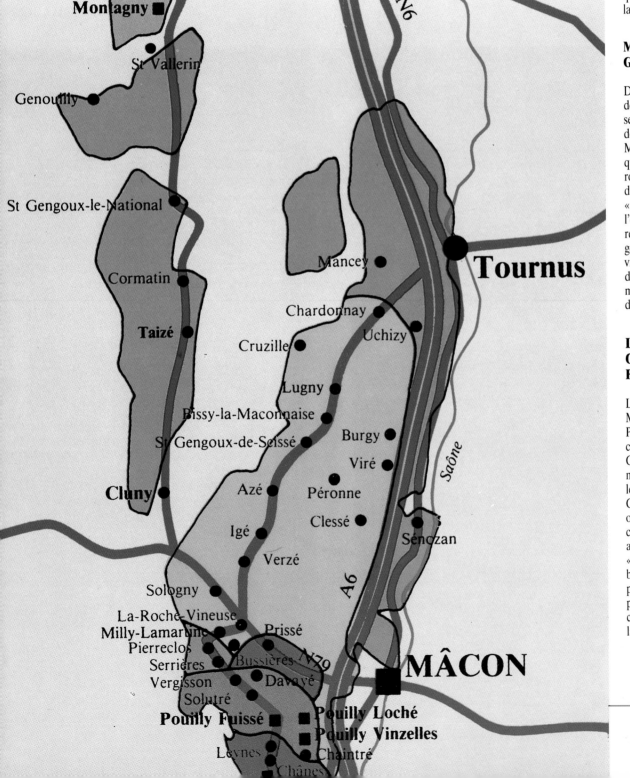

BRUITS DE BOTTES AUTOUR DU CLOS DE VOUGEOT

Depuis qu'il produit le plus grand des vins de Bourgogne, c'est-à-dire depuis le XIIᵉ siècle, le Clos de Vougeot a toujours joui d'une immunité particulière qui lui a permis de traverser sans dommage la plupart des conflits. Aujourd'hui encore, l'intégrité du « clos », c'est-à-dire du mur élevé par les Cisterciens, est garantie dans chaque acte notarié concernant les lieux.

La période la plus troublée de notre histoire fut ainsi spécialement douce pour le domaine : dom Goblet, le dernier moine cellerier de Cîteaux, fut confirmé dans sa fonction après la Révolution, en dépit de ce que le Clos de Vougeot, devenu bien national, eût été acquis par un marchand de bois ; recevant la visite de Bonaparte, retour de Marengo, celui qui était resté le véritable maître des lieux se permit même de refuser de lui vendre quelques bouteilles de sa réserve personnelle.

LE REVEIL DE NAPOLEON

Fixin, la première commune des Côtes de Nuits pour qui vient de Dijon, semble placée sous le signe impérial : on y voit un monument appelé ici *le Réveil de Napoléon*, dû au ciseau de François Rude, un musée consacré à l'Empereur, un escalier de cent marches censé évoquer les Cent Jours, et surtout un « clos-Napoléon » classé en grand cru. Pourtant l'Empereur n'est jamais venu en ces lieux, lui qui

Ci-dessus : tonnellerie à Meursault ; ci-dessous : scène de la Fête des vignerons (St-Vincent) à Pommard.

avouait plutôt un faible pour le Gevrey-Chambertin.

Ces réalisations surprenantes sont l'œuvre de Claude Noisot, un capitaine de la Garde, qui avait participé à toute l'épopée napoléonienne avant de se retirer à Fixin. Son vœu le plus cher aurait été d'être enterré debout, face à la statue de l'Empereur, mais le sol trop dur ne le permit pas.

LEONCE BOCQUET, LE MAGNIFIQUE

Sans que la qualité de son vin en ait été altérée, le vignoble du Clos-Vougeot subit de profonds changements à la fin du XIXᵉ siècle. En 1889 commença le morcellement du

domaine et, en 1891, le château fut acquis par Léonce Bocquet, un négociant en vins. Ce personnage de forte personnalité engloutit sa fortune dans la restauration minutieuse de l'édifice Renaissance longtemps laissé à l'abandon mais, fier de l'achèvement de son œuvre, il put mourir en paix (en 1913), demandant simplement à être enterré près de ces murs légendaires.

Parmi les histoires que l'on raconte sur ce mécène haut en couleur, on peut retenir l'épisode qui a trait à la venue d'un envoyé des Hohenzollern, en 1909.

Indigné par la modestie de la commande impériale — 200 bouteilles, tout de même —, le châtelain, s'exclama : « Dites à votre empereur que, pour une cour royale, je ne facture pas 200 bouteilles. Je les offre ! »

DES AMBASSADEURS PAR MILLIERS

Si le vin de Bourgogne est mieux représenté dans le monde que certaines petites républiques, c'est que les Chevaliers du Tastevin, essaimés sous tous les cieux, sont autant d'ambassadeurs zélés à son service. En effet la confrérie compte actuellement plus de dix mille membres, tous éminents connaisseurs, qui ani-

ment des commanderies dans la plupart des pays du globe, ainsi que des sous-commanderies dans chaque Etat des Etats-Unis. L'importance des relations avec ce dernier pays est attestée par le nom donné à la salle du grand conseil de la confrérie, au château du Clos-Vougeot, « Clifford T. Wheiman », du nom d'un des grands piliers du Tastevin outre-Atlantique.

LAMARTINE VIGNERON

« A l'heure où la rosée au soleil s'évapore
Tous ces volets fermés s'ouvraient à sa chaleur
Pour y laisser entrer avec la tiède aurore
Les nocturnes parfums de nos vignes en fleur. »

Dans *La vigne et la maison*, Lamartine s'est plu à évoquer la demeure de Milly où se déroula son enfance, ainsi que le domaine viticole qui l'entourait et dont il devint ensuite le propriétaire.

Plusieurs villages viticoles de cette région du Mâconnais, fameuse pour ses vins blancs, cultivent encore le souvenir du poète, tel Pierreclos, dont le château connut l'héroïne de *Jocelyn*, ou encore Bussières, où repose l'abbé Dumont, celui qui inspira justement le personnage de Jocelyn.

Les célèbres crus de Gevrey-Chambertin. A droite en haut : le jour de la pressée, à Ste-Colombe en Côte d'Or, et, en bas : dégustation du vin d'Auxois.

SEULEMENT 12 % DES VIGNES DE FRANCE, MAIS PRES DE 500 A.O.C.

La Bourgogne ne possède que 12 % de l'étendue totale des vignes françaises d'appellation d'origine contrôlée (ou A.O.C.) mais la palette des appellations de la province est riche de près d'un demi-millier de ces A.O.C., la seule commune de Gevrey-Chambertin en comptant une quarantaine. Des chiffres qui suffiraient à donner le vertige à l'amateur de Bourgogne. Mais on doit considérer en outre les quelques 10 000 exploitants qui se partagent le vignoble de cette région (Beaujolais compris), chacun s'ingéniant à donner à son vin une nuance propre en fonction d'une expérience familiale souvent séculaire, sans oublier de distinguer encore les millésimes.

BERTIN, VIGNERON A GEVREY

Bien avant l'an mil, un certain Bertin, vigneron à Gevrey, s'inspira des méthodes employées près du village par les moines de l'abbaye de Bèze. Il obtint de la sorte un vin d'une telle qualité que le « champ de Bertin » devint célèbre alentour, ce que l'usage transforma vite en « chambertin ».
En 1847, Gevrey gagna le droit de marier son nom à celui de son terroir le plus fameux, l'exemple de Gevrey-Chambertin devant ensuite être suivi par la plupart des villages de la Côte.

DICTONS ET FORMULES

Tant de vins d'exception proviennent de la côte de Nuits qu'à chacun correspond une phrase bien sentie, à commencer par la formule : « un verre de Nuits prépare la tienne. » Le Romanée-Conti, c'est « une main de fer dans un gant de velours ». Gaston Roupnel, qui habitait en voisin à Gevrey-Chambertin, disait du Vosne-Romanée : « La Bourgogne n'a rien fait de mieux », du Chambolle-Musigny : « vin de soie et de dentelle », et il voyait dans le Clos-Vougeot, « une somptueuse robe de velours enveloppant la nudité d'un

Rubens ».

Moins lyrique, Camille Rodier, l'un des fondateurs de la confrérie des Chevaliers du Tastevin, s'exclamait : « le Chambertin est à lui seul tout le grand Bourgogne possible » et parlait de « la perle du milieu », à propos du Vosne-Romanée.

UNE RENOMMEE INTERPLANETAIRE

Les vignerons de France ont bien des titres de gloire à faire valoir, mais ceux de Nuits-Saint-Georges l'emportent haut la main quand ils s'enorgueillissent d'avoir vu une bouteille de leur vin amenée sur la lune.

Longtemps les Nuitains firent ainsi allusion à la bouteille que Jules Verne donna à boire à ses héros du *Voyage autour de la lune*, mais les motifs de fierté ont décuplé depuis.

En effet, cette histoire désuète eut un prolongement inattendu le 25 juillet 1971, quand, en l'honneur de l'écrivain-visionnaire, l'équipage d'*Apollo XV* baptisa un cratère lunaire du nom de Nuits-Saint-Georges.

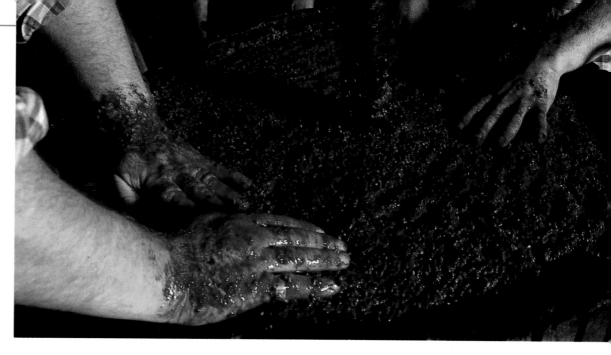

QUELLE TEMPERATURE POUR LES VINS DE BOURGOGNE ?

Infinie est la variété des vins de Bourgogne et complexes sont en conséquences les conseils du sommelier, tel est le prix de l'excellence. Frapper ou chambrer ? Du point de vue des températures de service, on commence au plus frais avec le cré-mant et les mousseux de Bourgogne : ainsi un kir royal, ou le fruité d'un crémant pur seront-ils mieux appréciés entre 6 et 8°. Pour les blancs et rouges jeunes et fruités, on s'accorde sur la température d'une bonne cave, soit de 10 à 12°, ce qui convient par exemple fort bien aux chablis et petit chablis servis avec des fruits de mer. Les grands vins blancs accompagnant la haute cui-sine gagnent à être servis entre 12 et 14°. Les grands vins rouges, enfin, seront exaltés par une température de 15 à 16°, c'est par exemple le cas des Nuits-Saint-Georges ou des vins de la côte de Beaune, certains gourmets prônant même de les déguster à une température de 16 à 17°, à l'instar de ce qui se pratique pour les meilleures bouteilles de Bordeaux.

BOURGOGNES BLANCS

C'est en Côte de Beaune que sont récoltés les plus grands bourgognes blancs. Ils sont issus du Chardonnay, l'un des plus fins de tous les cépages. Ce plant a emprunté son nom à un petit village du Mâconnais. Il donne des raisins petits, brillants et dorés, gorgés d'un délicieux jus blanc sucré d'où naîtront toutes les grandes appellations de Bourgogne : Montrachet, Meursault, Chablis, Pouilly-Fuissé.

Parmi les crus à rechercher en Côte de Beaune, il faut citer *Aloxe-Corton*, où les charlemagnes et les Corton-Charlemagne sont des blancs de réputation mondiale, de splendide allure, parfumés, amples et qui chauffent les veines. *Meursault*, où les ceps s'étendent sur 400 hectares au pied du Mont-Mélian, offre des blancs lumineux et ambrés, au goût très marqué de noisette. Les *Montrachet* sont produits sur les communes de Puligny-Montrachet et Chassagne-Montrachet. Qu'ils soient de Chassagne ou de Puligny, ces vins blancs sont tous grands, avec un arôme délicat d'amande ou de noisette ; ils possèdent le corps, la délicatesse, la finesse, mais aussi la faculté de vieillir.

Sur une vingtaine de communes autour de la petite ville du même nom s'étend le vignoble de *Chablis* (environ 1 500 hectares), qui est le plus septentrional de la Bourgogne. Ce sol crétacé, où poussent aujourd'hui de très bonnes vignes, contient en abondance, tel un présage, de petits fossiles d'huîtres de l'époque jurassique. Et chacun sait que le Chablis, qui a ainsi du fruit de mer dans la sève, convient admirablement à l'accompagnement des coquillages et crustacés. Il y a quatre appellations : Chablis Grand Cru, Chablis Premier Cru, Chablis et Petit Chablis. Les deux premières peuvent être suivies du nom du climat d'origine. Le rendement maximal autorisé à l'hectare est de 40 hectolitres, sauf pour le Chablis Grand Cru, où il n'est que de 35 hectolitres. Ces coteaux calcaires et marneux sont propices à engendrer, avec le Chardonnay, des vins blancs secs, limpides, fins et nerveux, pour tout dire des vins « pissatifs », si l'on ose reprendre une expression jadis utilisée par les vignerons-moines de l'Abbaye de Pontigny.

Autour de la ville de Mâcon, s'étend le vignoble du Mâconnais. S'il n'a plus la réputation qui fut autrefois la sienne, la production de ce vignoble est constituée aujourd'hui à peu près pour les deux tiers de vins blancs issus de Chardonnay.

Le célèbre château du Clos-de-Vougeot et sa cour intérieure. C'est là que se tiennent les manifestations de la célèbre confrérie des « Chevaliers du Tastevin » dont on voit l'emblème en haut à droite. Deux aspects d'un « chapitre » des Chevaliers. En haut à droite, également, statue d'un vigneron anonyme, dans la cour du château. Ci-contre, le pressoir des anciens Ducs de Bourgogne.

Mais au-dessus d'eux trône l'un des plus grands vins blancs de France : le *Pouilly-Fuissé*, récolté sur les communes de Solutré, Fuissé, Vergisson et Saintré. C'est un vin superbe qui séduit déjà par sa robe d'or aux reflets d'émeraude. Son bouquet est exquis, fondu et nuancé, avec un caractère très original.

A condition d'être mis jeune en bouteilles, son étonnante vigueur lui permet de tenir au moins vingt ans de vieillissement. Loin de l'épuiser, l'âge le pare, au contraire, de nouvelles grâces.

Sur les communes voisines, Vinzelles et Loché, sont produits les blancs de *Pouilly-Vinzelles* et *Pouilly-Loché* chez lesquels on retrouve les caractères du Pouilly-Fuissé. Dernier promu dans la hiérarchie des appellations, le *Saint-Véran*, blanc sec tendre et délicat.

Les bourgognes blancs se boivent frais, entre 10 et 12 degrés. Ils accompagnent coquillages, crustacés, poissons, plats à la crème, escargots et charcuterie. Ce sont aussi d'excellents vins d'apéritif.

31

DE SOLIDES PILIERS POUR LES VINS DE CHABLIS

Grands animateurs de la vie locale et promoteurs des produits du vignoble au-delà de nos frontières, les Piliers chablisiens sont regroupés en confrérie depuis 1953. Leur « chapiteau » comporte des péristyles nationaux dans de nombreuses parties du monde, dont la plupart des pays du nord de l'Europe, qui ont gardé du temps des ducs le goût pour les vins de Chablis. Les intronisations de la confrérie se déroulent à l'issue de la Saint-Vincent tournante, où les Piliers trouvent la plus belle occasion de faire resplendir leur habit noir et or.

COULANGES-LA-VINEUSE, PAYS SANS EAU

Mêlant maintenant les cerisiers et la vigne, le pays de Coulanges-la-Vineuse est le siège d'une viticulture bimillénaire, dont témoigne encore un cépage appelé « César ». Mais si l'on ne manqua jamais de vin à Coulanges la bien-nommée, l'eau y fit longtemps défaut. A tel point que, lors d'un immense incendie qui détruisit le village en 1676, il fallut mettre en perce 30 feuillettes de vin (des demi-barriques) pour achever d'éteindre les flammes.

LE CHABLISIEN AUX AVANT-POSTES

A détailler une carte du vignoble de Bourgogne, on s'étonne de voir le Chablisien éloigné d'une centaine de kilomètres du reste de la province vineuse.

Il n'en a pas toujours été ainsi et, jusqu'à ce que le phylloxéra ne sévisse sous ces cieux, la Bourgogne viticole montrait beaucoup plus d'unité.

Son découpage actuel tient à ce que le vignoble n'a été reconstitué que sur les terroirs les plus favorables aux vins de qualité. Il continue de gagner du terrain dans l'Yonne, notamment à Irancy et Coulanges-la-Vineuse, mais aussi près de Joigny, de Tonnerre et de Vézelay ; où l'on tente de faire revivre les traditions d'antan.

32

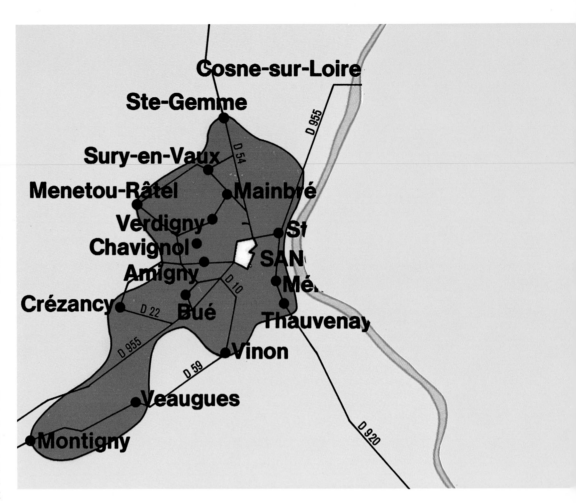

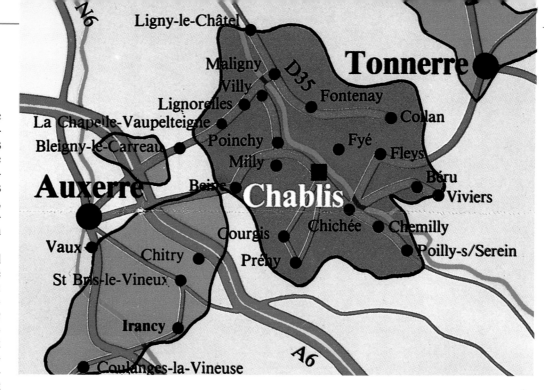

DE ROYALES POTIONS

Avant d'être réduit comme peau de chagrin par le phylloxéra, le vignoble de l'Yonne était le plus renommé de France et la chronique enseigne que les rois de France faisaient bon usage des « vins d'Auxerre », rouges, blancs ou gris, une chanson du XVᵉ siècle affirmant même qu'« Auxerre est la boisson des Rois ».

Le vin d'Auxerre était ainsi le seul remède contre la morosité de Louis XI ; Henri IV en faisait son ordinaire, tandis que Louis XIV soignait ses indigestions avec l'Irancy et le Coulanges. Non loin, les moines de l'abbaye de Pontigny avaient depuis longtemps vanté les propriétés diurétiques de leur vin de Chablis, qui était « pissatif et léger, et faisait sauter comme de petits moutons ».

Vue de la petite cité de Chavignol et du vignoble de Sancerre.

LES CEPAGES DES BOURGOGNES BLANCS PLUS SIMPLES

Pour des vins à boire jeunes, la Bourgogne a adopté l'*aligoté*, comme le signale l'appellation bien connue ; prospérant surtout sur les hautes-côtes, ce cépage est surnommé le « Muscadet de la Bourgogne ». Plus anecdotiquement, on trouve aussi le Sacy, qui donne du Bourgogne grand ordinaire dans l'Yonne, en particulier à Chitry, le Sauvignon, cultivé à Saint-Bris-le-Vineux, dans le même département et, dans la vallée de la Saône, le Melon, qui est le nom local du Muscadet.

En ce qui concerne le Crémant de Bourgogne, les vignerons dosent savamment plusieurs cépages, essentiellement le Pinot pressé en blanc à la mode de Champagne, l'Aligoté qui donne de la fraîcheur, et le Chardonnay pour la finesse, voire le Gamay à jus blanc.

LE TRIPLE-POT DE
BEAUJOLAIS-VILLAGES
APPELLATION BEAUJOLAIS-VILLAGES CONTROLÉE
Distributeur exclusif: FOURCROY S.A.

Bouteille non reprise — Gratis Leeggoed

Sélection Charles Piat, Négociant à Mâcon, Saône-&-Loire

LES BUIS

BEAUJOLAIS-VILLAGES
APPELLATION CONTROLÉE
LE BARIL DE MAITRETONE

BEAUJOLAIS

« Sans le Beaujolais, a écrit Raymond Dumay, la France ne serait pas tout à fait la France. Voués à la centralisation, ajoutait-il, nous subissons deux tyrannies : Paris pour l'administration, Beaujeu pour le vin. La seconde nous paraît la plus éclairée, la moins discutée, aussi ! »

Il n'en a pas toujours été ainsi. Si certains vignobles de la région ici évoquée sont fort anciens, la plus grande partie de celle-ci a été conquise sur la forêt au cours du XVIIIe siècle. Elle commence à une dizaine de kilomètres au sud de Mâcon et s'étend sur 55 km, avec une largeur de 10 à 12 km pour une altitude moyenne de 300 m, la vigne ne dépassant guère 500 m.

Un seul cépage enfante le Beaujolais : le Gamay noir à jus blanc, un joli raisin aux grains ronds, couleur de nuit. Le Gamay est en effet pleinement à l'aise quand il enfonce tant qu'il peut ses racines dans ces terroirs granitiques, schisteux et caillouteux, riches en oxyde de fer. C'est le Gamay qui confère aux beaujolais cette robe rubis aux ourlets violacés si caractéristiques. Dans toute cette région, le raisin n'est en principe jamais foulé ni égrappé et sa vinification s'apparente à une macération carbonique.

Neuf crus classés, une ribambelle de trente-neuf « Beaujolais-Villages » et les « Beaujolais » tout court composent cette grande famille. Passons en revue ici les neuf grands frères (car, comme les Muses qui présidaient aux arts libéraux, les grands crus du Beaujolais sont au nombre de neuf) :

Le *Brouilly* est typiquement « beaujolais », fruité et tendre, avec un bouquet très développé ; ces qualités qui font son charme s'estompent en vieillissant, il faut donc le boire dans sa prime jeunesse.

la *Côte de Brouilly* : sur ses pentes, le raisin donne un vin ambré, au bouquet ample qui s'assouplit et qui s'affine en vieillissant.

Le *Morgon* : généralement bien en chair et robuste, il sait vieillir sans ride. Ses composés fruités évoquent l'abricot, la groseille et le kirsch... Justement, ces arômes très personnalisés font dire à ses admirateurs que le vin « morgonne », ce qui est, dans ce cas, le comble de la perfection gustative !

Le *Chiroubles :* c'est un vin tendre et charmeur, peut-être le plus « beaujolais »

Aspects divers de vignes et villages du Beaujolais. Etiquettes et bouteille de ce cru particulièrement populaire.

des grands crus. A ne pas conserver trop longtemps en cave.

Le *Fleurie* : un vin léger et parfumé qui évoque, selon son vocable, le printemps en fleurs et qu'il faut boire jeune et frais pour capter encore la saveur de ses raisins gonflés d'essences rares. Son élégance le dispute à sa race, et sa saveur s'accuse aux fragrances moutardées d'une rabelaisienne andouillette.

Le *Chénas* doit son nom à l'ancestrale forêt de chênes. Riche en tanin, naturellement, le Chénas est à la fois souple et vigoureux. Finement bouqueté, aux arômes de pivoine, il est plus aimablement étoffé que ses voisins.

Le *Moulin à Vent* : baptisé en raison d'un petit moulin ancien, unique en son genre dans la région beaujolaise et qui domine de loin le vignoble. Il est considéré par presque tous les spécialistes comme le premier cru du Beaujolais. C'est un vin chaud, vineux, ayant de la carrure, vieillissant avec distinction et dont on dit volontiers qu'il est plus bourguignon que beaujolais.

le *Juliénas* : beaujolais le plus populaire auprès des peintres et des poètes montmartrois, comme auprès de nombreux journalistes. Pourpre, corsé et ardent, il sait, lui aussi, prendre de l'âge comme un Bourguignon.

Le *Saint-Amour* : commune la plus septentrionale du Beaujolais et l'un de ses crus les plus aimables : d'une jolie couleur rubis, avec un bouquet délicat, plutôt léger et un fruité tout en finesse.

LE GRAND HOMME DE CHIROUBLES

Tout hérissé d'échalas, le vignoble de Chiroubles escalade un site qui culmine à plus de 400 mètres d'altitude, ce qui en fait le plus élevé du Beaujolais. Chaque année en avril, la commune célèbre Victor Pulliat, un éminent savant ampérolographe qui vit le jour en ses murs, en 1827. Auteur de travaux qui ont fait autorité dans le monde entier, il étudia l'échelle de précocité et le greffage des espèces de vigne au moyen des quelques 2 000 variétés qu'il avait rassemblées dans son domaine.

PISSE VIEILLE, OU DU DANGER D'ETRE DUR D'OREILLE

Les terroirs du Beaujolais ne sont pas avares de dénominations hautes en couleur, comme le *Pisse-Dru*, illustré dans les pages précédentes. Dans le même registre, on connaît aussi un Brouilly appelé le *Pisse-Vieille*, à l'origine duquel se trouve une savoureuse histoire.
Etant allée à confesse pour la première fois depuis longtemps, la femme d'un vigneron de la commune de Cercié avait quitté l'église dans le plus grand désarroi. Le curé venait de lui dire : « allez, mon enfant, et ne péchez plus », mais l'âge n'avait pas arrangé son ouïe et elle avait compris : « allez, mon enfant, et ne pichez plus », ce qui, dans son patois signifiait : « ne pissez plus », on l'aura compris. La vieille respecta l'injonction à la lettre et son époux, affolé, se demandait quel péché inavouable justifiait une pareille punition. N'y tenant plus, il alla voir le curé et revint en courant pour crier à sa femme : « pisse, vieille ! ».

LES « BOUCHONS » LYONNAIS, TEMPLES DU BEAUJOLAIS

Bien vivants dans le folklore lyonnais, aux côtés de Guignol, de Gnafron et du jeu de boules, les sympathiques « bouchons » rattachent intimement la métropole au vignoble du Beaujolais. La rencontre se déroule sous les auspices du fameux « pot » lyonnais, un flacon de 46 cl à fond épais : rempli d'un grand Beaujolais, il est à vider traditionnellement pour accompagner des gratons, des tripes, du boudin, du cervelas, du saucisson ou autres cochonnailles ou, mieux encore, sur un gratin de quenelles lyonnaises, tandis que, pour aller avec du Beaujolais primeur, on choisira des cardons à la moelle ou les pommes de terre gratinées avec des oignons.

LE PLUS JEUNE DES GRANDS BEAUJOLAIS

Admis parmi les crus du Beaujolais par un décret de reconnaissance daté du 21 décembre 1988, le Régnié, qui s'était déjà démarqué des Beaujolais-villages en adoptant une étiquette spécifique, est le dernier-né des seigneurs du vignoble. On apprécie sa belle couleur rubis et surtout ses arômes très fins de petits fruits rouges, mûres et groseilles.

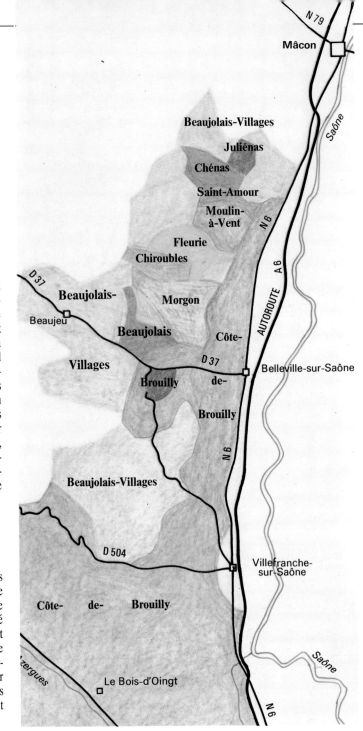

LA RUEE VERS LE BEAUJOLAIS NOUVEAU

Déjà fort efficace en ce qui concerne les crus et les Beaujolais-villages, le remarquable dynamisme commercial des viticulteurs du Beaujolais a, en quelques années, propulsé les vins nouveau et primeur sur le devant de la scène. La date réglementaire du 15 novembre — en pratique, c'est le troisième jeudi de ce mois —, qui marque l'arrivée du « Beaujolais nouveau », est ainsi attendue avec impatience dans tout l'Hexagone et bien au-delà, ces vins constituant en volume une part de plus en plus importante de la production du vignoble.
Juvéniles et francs, mais non dénués de finesse — on les sait tendres et gouleyants, avec des arômes de fruits rappelant la banane mûre —, les Beaujolais nouveaux doivent répondre à de strictes normes qualitatives et gustatives de façon à ce que la vinification énergique dont ils sont l'objet, comportant notamment centrifugation et filtrage, n'altère en rien le renom du vignoble.

UNE GEOLOGIE CONTRASTEE

La nature des sols fait distinguer deux parties dans le Beaujolais. Au nord, le relief adouci du Haut-Beaujolais correspond à des roches anciennes, granit, porphyre, schiste et diorite, dont la décomposition donne du « gore » ou des « morgons » : on aura compris qu'il s'agit de la zone des crus et des Beaujolais-villages.

Au sud de Villefranche-sur-Saône, le Bas-Beaujolais est le pays plus accidenté des terrains sédimentaires et argilo-calcaires, « pierres-dorées » qui sont le terroir des Beaujolais « tout court » et des Beaujolais nouveaux.

LE JULIENAS, UN CRU IMPERIAL A DEGUSTER LENTEMENT

Il semble que ce cru du Beaujolais doive son nom à Jules César, la terminaison en — as indiquant qu'à l'origine ce terroir fut une colonie ligure. Un dicton local affirme qu'« il faut se méfier de ceux qui boivent leur vin de juliénas d'un seul coup » : ces vins bien charpentés, gaillards et espiègles demandent en effet à être dégustés dans les règles, sans précipitation aucune.

LE GOSIERSEC DE CLOCHEMERLE

L'écrivain lyonnais Gabriel Chevallier ne fit guère plaisir aux habitants de Vaux-en-Beaujolais lorsqu'il publia en 1934 son roman satirique : *Clochemerle.*

Dans sa peinture des affrontements villageois et des querelles de clocher avec, pour héros, un viticulteur fort remuant, il y prenait en effet leur cité pour modèle. Depuis, beaucoup de Beaujolais a coulé dans les gosiers, l'expression a fait florès et, comme les Tarasconnais l'ont fait au sujet de Tartarin, les gens de Vaux-en-Beaujolais ont mis leurs rieurs de leur côté. La confrérie locale n'est-elle pas appelée Gosiersec de Clochemerle ?

L'EAU CHAUDE, UNE INVENTION REMARQUABLE

La grande liesse qui enflamme chaque année Romanèche-Thorins lors de la « fête Raclet » est un bel hommage rendu à un modeste vigneron du cru, qui s'est rendu célèbre au début du XIXe siècle.

C'est à Benoît Raclet que l'on doit, en effet, d'avoir découvert le moyen de se débarrasser des « tordeuses », ces chenilles de pyrales qui roulent les feuilles de vigne et asphyxient les plants.

La méthode présentait l'avantage d'être simple et économique puisque de l'eau chaude suffisait à débarrasser la vigne de ces parasites et « l'échaudeuse », mise au point par Benoît Raclet, se répandit en une année à travers le vignoble, gagnant ensuite la Bourgogne.

COMPAGNONS, GOSIERSECS ET GRAPILLEURS

Près de Villefranche-sur-Saône, c'est le grand cuvage de Lacenas, une dépendance du château de Montauzan, qui sert de cadre aux assemblées des Compagnons du Beaujolais ; créée en 1974, cette confrérie a maintenant une audience internationale.

Pour l'animation du vignoble, elle est épaulée par la confrérie du Gosiersec de Clochemerle, sise à Vaux-en-Beaujolais, tandis que, dans la partie méridionale du vignoble, s'active depuis 1968 la confrérie des Grapilleurs des Pierres Dorées.

LE « BOURGOGNE » DU BEAUJOLAIS

Signalé de loin par le vieux moulin sans ailes qui se dresse au sommet d'un mamelon, au lieu-dit Les Thorins, le Moulin-à-Vent est le roi des crus du Beaujolais, et supporte sans mal la comparaison avec ses presti-

gieux voisins de Bourgogne. Ce vin devrait ses qualités particulières au manganèse que contiennent les sols de ce terroir.

Comme pour souligner la suprématie du Moulin-à-Vent, chaque millésime en est porté sur les fonts baptismaux, d'abord à Romanèche-Thorins, fin octobre, puis dans tous les villages de l'appellation.

LE TROISIEME FLEUVE

De Léon Daudet, cette sentence bien connue : « Lyon, capitale de la cuisine française, est parcourue, en dehors de la Saône et du Rhône, par un troisième fleuve, celui du vin rouge, le Beaujolais, qui n'est jamais limoneux ou à sec ».

LA « VINIFICATION BEAUJOLAISE »

Tous les vins rouges du Beaujolais sont élaborés suivant une méthode particulière : la grappe entière subit une macération semi-carbonique (sur une durée qui va de quatre jours pour les Beaujolais nouveaux à dix jours pour les crus), associée à une fermentation traditionnelle. Cela confère aux vins du Beaujolais une constitution et une trame aromatique caractéristiques, que chaque terroir exalte ou complète à sa manière.

A gauche et ci-contre : les compagnons du Beaujolais. Ci-dessous : vue de Juliénas.

COTES DU RHONE

Partout où le climat l'a permis, les coteaux bordant fleuves et rivières de France sont sertis de vignes. La vallée du Rhône en est le plus prestigieux exemple. A quelques kilomètres du glacier dont le fleuve est issu, voici déjà les premières vignes du Haut-Valais. Jusqu'aux rivages de la Méditerranée, sur plus de 700 km, il sera valaisan, chablaisien, lémanique, savoyard, pour finir provençal, symbole de latinité, une longue route du vin, à peine interrompue. Mais il existe un pays, un vignoble à qui, de Vienne en Avignon, sur quelque 200 km, il a donné son nom : les Côtes du Rhône.

Aucun autre vignoble n'offre au dégustateur autant de diversité, car il se divise en deux parties séparées par une région sans vigne, entre Valence et le défilé de Donzère : les Côtes du Rhône septentrionales, sur une bande étroite de coteaux dominant le Rhône, de Vienne à Valence et les Côtes du Rhône méridionales, qui s'étalent très largement de chaque côté du fleuve, jusqu'au département du Gard, à droite, et ceux de Vaucluse et de la Drôme, à gauche.

Le village d'Ampuis, à 8 km au sud de Vienne, est célèbre pour son rare vin rouge, le *Côte-Rôtie* (Côte Brune et Côte Blonde) dont les Romains goûtaient déjà la sève et le bouquet. Il est principalement issu du cépage Syrah.

Les cépages utilisés dans les deux régions des Côtes du Rhône sont extrêmement variés : une vingtaine sont autorisés : syrah, grenache, mourvèdre, cinsault, clairette, roussane, marsanne, viognier sont les plus connus.

Condrieu et Château-Grillet, deux crus blancs, sont deux autres raretés. Ils peuvent être secs ou moelleux. Généreux, corsés, pleins de feu, gras, devenant capiteux en vieillissant, ils sont considérés comme faisant partie des meilleurs vins blancs de France. Toujours sur la rive droite, en suivant le cours du Rhône, on trouve ensuite trois appellations de grande réputation : Saint-Joseph dont les connaisseurs recherchent aussi bien les rouges que les blancs fruités, le Cornas, corsé et de bonne garde, et Saint-Péray, patrie des blancs.

Sur la rive gauche, Crozes-Hermitage chauffe au soleil ses multiples terroirs aux qualités rivales, mais bien personnelles, alors que l'*Hermitage* présente son vignoble en escalier, aussi caractéristique que les excellents et puissants vins rouges qu'il produit, où l'on retrouve un parfum de mûre et d'aubépine. Les blancs sont agréablement secs avec un fruité typique.

Comme celle qui est septentrionale, la partie méridionale du vignoble s'étend sur les deux rives du Rhône, parsemées de hauts lieux justement réputés.

Sur la rive droite, deux appellations contrôlées : *Lirac*, dont les rouges, les rosés et les blancs ont de fervents adeptes, et *Tavel*, royaume des grands vins rosés que Philippe le Bel, puis Louis XIV, prirent tant de plaisir à boire.

Sur la rive gauche, on trouve quatre autres grands noms : Vinsobres, Cairanne, *Gigondas* et Vacqueyras, aux vins rosés et rouges, corsés ou bouquetés, comme aussi Rasteau et son vin doux naturel de grande classe et Beaumes-de-Venise qui produit son extraordinaire muscat.

Nous avons gardé pour la bonne bouche le vignoble le plus méridional des Côtes du Rhône, le plus justement célèbre aussi, celui de *Châteauneuf-du-Pape*, qui donne un vin rouge de réputation mondiale. Majestueux, chaud, épicé, fruité, il est tannique dans sa jeunesse, mais se transforme en velours épiscopal à sa maturité. C'est alors que sa finesse s'impose malgré sa rondeur. Il se fait également sous cette appellation un peu de vin blanc, réminiscence du vin de messe qu'on apportait jadis au château papal.

Les vins de la vallée du Rhône sont très appréciés, tout spécialement le *Châteauneuf-du-Pape*, du nom de la petite cité dont on voit ici deux aspects (ainsi que le vignoble, en haut à droite) : du temps où la papauté était exilée en Avignon, les pontifes villégiaturaient en ces lieux. A droite, bouteille ancienne ornée des clés de Saint-Pierre.

UN LUXE DE PRECAUTIONS POUR LE VIN PONTIFICAL

Sans plus de prétention à l'origine que de figurer honnêtement à la table de la résidence d'été des papes d'Avignon pour le vin rouge, et de faire un acceptable vin de messe pour le blanc, les vins de Châteauneuf-du-Pape ont depuis lors atteint une réputation mondiale.

Cela grâce à l'acharnement des vignerons du cru qui ont joué les précurseurs dans la recherche de la qualité.

Dès 1923, par exemple, ils obtinrent des tribunaux une stricte réglementation fixant aussi bien la nature des sols que les cépages ou les détails de la vinification à mettre en œuvre pour le Châteauneuf-du-Pape. Ce texte préfigura ceux qui régissent les appellations contrôlées, mais il demeure l'un des plus contraignants de France, tandis que l'authenticité de ces vins est garantie par une bouteille exclusive, frappée aux armoiries pontificales.

Ci-dessous : porte de vigneron en bois sculpté. En bas, à droite : un vignoble des Côtes du Rhône.

L'UNIVERSITE DU VIN

Au cœur des horizons de la Drôme où la vigne est reine, le château de Suze-la-Rousse abrite depuis 1978 une Université du Vin bien connue des amateurs et des professionnels. Cet ancien rendez-vous de chasse des princes d'Orange, qui toise le Ventoux et les Dentelles de Montmirail, accueille de la sorte des stages spécialisés, des sessions de formation professionnelle et diverses manifestations consacrées aux vins des Côtes du Rhône.

LE VIN POISSE DE VIENNE

On sait que le premier vignoble de notre sol fut implanté par les Grecs dans la région de Marseille et qu'avec les Phocéens la culture de la vigne gagna vers le nord en remontant la vallée du Rhône. Aux temps romains, le vignoble de Vienne, que célébrèrent Plutarque et Pline, produisit ainsi le premier des grands vins de France, un vin poissé dont l'élaboration se faisait encore à la mode grecque.

LE « VIN D'UNE NUIT »

Certains terroirs des bords du Rhône ont longtemps eu pour spécialité les « vins d'une nuit », c'est-à-dire des vins légers, fruités et peu tanniques, obtenus à la suite d'une macération des raisins qui ne dépassait pas douze heures. Traditionnellement destinés aux « bouchons » lyonnais et aux cafés stéphanois, ces vins y côtoyaient les Beaujolais « tout court ». Aujourd'hui, complétant les grands crus et bénéficiant de l'amélioration générale de la qualité, ces gentils vins de comptoir sont devenus d'excellents vins de primeur.

LES DEUX FILLES DE LA CÔTE-RÔTIE

Sur la rive droite du fleuve, en aval de Vienne, les coteaux dominant Ampuis sont barrés d'innombrables « cheys » ou « murgeys », ces murettes de pierre qui retiennent la terre parfois pour deux rangs de vigne seulement. Si, dans cette Côte-Rôtie, l'on distingue la côte Brune aux rouges corsés et la côte Blonde aux vins plus fins, c'est en souvenir d'un légendaire Maugiron, seigneur d'Ampuis, qui partagea ses terres entre ses deux filles : belles à ravir toutes deux, semblables de corps, de maintien et de grâce, elles ne se différenciaient que par leurs chevelures !

CHÂTEAU-GRILLET, L'UNIQUE

Presque aussi ancien que celui de Côte-Rôtie, le vignoble de Château-Grillet est l'un des plus vénérables de France. Singulière appellation d'origine contrôlée que celle-ci, car elle est représentée par un seul et unique domaine établi depuis l'Antiquité romaine, ce que souligne une superficie réduite à 2,5 ha. Tant de singularité dans le paysage viticole français ne peut que correspondre à un vin exceptionnel et tel est bien le blanc de Château-Grillet, « très gras et ample en bouche, avec des arômes caractéristiques de pêche et d'abricot », alliant la présence et l'harmonie, la subtilité, l'élégance et la complexité aromatique.

VINS DE PROVENCE

La moitié est de la « Province romaine », de Marseille à Nice, c'est la Provence d'aujourd'hui. On a dit que c'est le plus vieux vignoble du monde et que les Grecs de Phocée y plantèrent la vigne, bien avant la conquête romaine, au début du VIe siècle avant notre ère.

Aujourd'hui, ce vignoble provençal s'étend sur quatre départements : les Alpes-Maritimes, les Alpes-de-Haute-Provence, les Bouches-du-Rhône et le Var. Il couvre près de 100 000 ha, dont s'occupent quelque 74 000 vignerons. La production totale oscille, bon an mal an, entre 4,2 et 6 millions d'hectolitres (dont 6 pour cent de vin blanc).

Si les VDQS (vins de qualité supérieure) peuvent atteindre 600 000 hectolitres, les AOC (appellation d'origine contrôlée) ne dépassent guère les 25 000 hectolitres. C'est que la Provence ne s'honore que de cinq appellations contrôlées : tout d'abord le *Bellet* de la région niçoise (vins rouges, blancs et rosés au caractère original dû à un encépagement particulier et à un microclimat localisé sur les coteaux dominant la ville de Nice), et le *Bandol* de la région toulonnaise, dont les rouges sont à placer à la tête des vins de Provence. Ils ont besoin de deux années de vieillissement sous bois avant la mise en bouteilles. Ce sont des vins de longue conservation, bouquetés et corsés. Et puis il y a le *Cassis* de la région marseillaise (les vins blancs sont secs, aux reflets dorés, et accompagnent généralement la bouillabaisse ; les rosés sont flatteurs, mais les rouges sont de qualité inférieure), le *Palette* de la région d'Aix-en-Provence (rouges, blancs et rosés de réputation tout à fait locale) et les *Côtes-de-Provence* qui comportent trois régions principales : la Côte (de la Ciotat à Saint-Tropez), la bordure nord du massif des Maures et la vallée de l'Argens. Les rosés sont secs et fruités, assez corsés et conviennent spécialement comme vin unique avec la cuisine méridionale. Les vins blancs, issus principalement de la clairette et de l'ugni blanc, sont secs, corsés et d'une couleur or pâle. Il faut les boire jeunes, car ils madérisent rapidement. Pour les rouges, on retrouve pratiquement les mêmes cépages que dans les Côtes du Rhône.

Les vignes de Cassis, Saint-Maurice, en Provence, et bouteilles typiques des rosés « Côtes de Provence ».

Ci-contre : vignes dans le Var.

Les vins de Provence ont bénéficié d'une intervention souveraine avec Eléonore de Provence, épouse d'Henri III, roi d'Angleterre : à l'instar de ce que fit sa belle-mère Aliénor d'Aquitaine pour les vins de Gascogne, cette grande dame fut à la cour d'Angleterre l'ambassadrice des rosés de son pays. Et son action fut durable, à en juger par les mercuriales de Noël 1376, qui cotaient à

UNE REPUTATION A DEFENDRE

Contrairement à une idée répandue, le vin rosé, qui constitue la majeure partie de la production provençale, n'est pas une fantaisie récente de vignerons portés sur la facilité. Tout au long de l'histoire, depuis les Egyptiens du IIIe millénaire avant notre ère, jusqu'aux vignerons du Moyen Age en passant par les Grecs et les Romains, les seuls vins produits furent blancs ou rosés, selon la couleur du raisin. Quant à la propension à la sieste des méridionaux, elle ne s'accommode pas particulièrement du vin rosé, qui est au moins aussi délicat à réussir que le rouge.

LES PAMPRES DU ROI RENE

Roi-poète autant que roi-vigneron, le bon roi René, angevin de naissance et provençal de cœur, entourait de tous ses soins les vignes qu'il possédait aux portes d'Aix. Le clos royal fait maintenant partie du minuscule vignoble de Palette, dont quelques connaisseurs se disputent les blancs, les rosés et les rouges, tandis que le traditionnel « vin cuit provençal » du cru est réservé à de rares initiés qui le dégustent à Noël, selon la coutume d'autrefois.

UNE MARQUISE AU FIN PALAIS

La cour de France ne s'ouvrit que fort tard aux vins de Provence, leur ambassadrice de charme n'étant autre que Madame de Sévigné, qui goûtait à la source de ces plaisirs, lors de fréquents séjours au château d'Entrecasteaux.
L'explication de cet engouement tardif tient simplement aux difficultés de transport de l'époque, les barriques de vin parvenant à Versailles par voie maritime et fluviale, c'est-à-dire par... Gibraltar et la Seine.

DE SUBTILES HARMONIES

La meilleure façon d'apprécier la finesse et les nuances des grands rosés de Provence est de les déguster avec les gloires de la cuisine régionale. Avec des artichauts violets crus « à la poivrade », ou avec une « tapenade » ou encore une « anchoïade ». Bien mieux que le vin blanc, ils accompagneront les produits de la mer de haut goût, comme les rougets, les moules crues, les violets, et, naturellement, la bouillabaisse, la « gangasse » et l'aïoli. Les rosés se marient aussi à merveille avec les « pieds et paquets » de mouton, les brouillades de truffes et les champignons de pin sur le gril.

LE FOLKLORE EN BOUTEILLE

Une image tenace s'attache au « petit vin de Provence », ce joyeux rosé qu'il fait si bon boire frais sous les platanes, près d'une fontaine.
Ce plaisir simple au goût de vacances prend la forme de bouteilles très typées, la flûte à corset et la « provençale », toutes deux de 75 cl et de teinte mi-blanc ou cognac.
Cependant, pour faire savoir qu'ils produisent également et depuis longtemps de grands vins blancs ou des rouges de garde, les vignerons de la province ont tendance à délaisser les formes « folkloriques » d'hier pour adopter de plus en plus la bouteille bordelaise, synonyme de qualité et de bonne conservation.

DEUX NOUVELLES A.O.C.

Aux cinq vins provençaux qui furent classés d'appellation d'origine contrôlée entre 1936 et 1977, se sont récemment ajoutées les A.O.C. Coteaux d'Aix-en-Provence et les A.O.C. Coteaux des Baux-de-Provence, tandis que les Coteaux Varois accédaient au groupe des VDQS, antichambre de la classification supérieure. Une progression générale qui traduit bien, si besoin était, le souci des viticulteurs provençaux de privilégier la qualité.

Londres le gallon de vin de Provence à 12 pences, tandis que celui de Gascogne était seulement à 8 !

LES ACCORDS EN ROUGE

Les côtes de Provence rouges, qui représentent désormais plus du tiers de la production de l'appellation, sont des vins qui conviennent particulièrement à l'accompagnement du gibier et des viandes au four et en sauce. Leur nature friande et leur bouquet ensoleillé exaltent ainsi au mieux le raffinement d'une daube avignonnaise, d'un gigot d'agneau du Verdon, d'un perdreau à la broche ou d'un rôti de porc à la sauge. On pourra également s'en délecter sur une mousse de grives, ou sur un bon fromage des Alpilles.

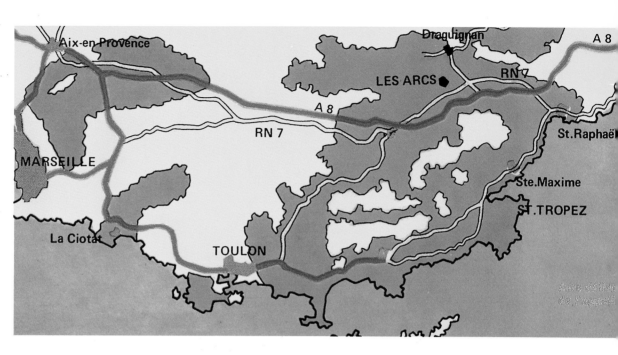

LANGUEDOC-ROUSSILLON

Cette vaste région s'étend du delta du Rhône à la frontière espagnole. 160 000 ha de vignes submergent la France de vins ordinaires, généralement bien faits en coopératives. Le Languedoc-Roussillon compte d'authentique amoureux du vin qui s'efforcent d'atteindre la qualité en recherchant la sélection des cépages les mieux adaptés aux terrains. Ces efforts ont d'ailleurs conduit l'Institut des Appellations d'origine à élire au nombre des A.O.C. quelques vins de cette région. Ce sont : Fitou, Blanquette de Limoux, Collioure, Côtes du Roussillon.

Coteaux du Languedoc est une appellation qui a droit au V.D.Q.S. Elle peut être suivie du nom de l'une des appellations particulières suivantes : Cabrières, la Clape, Coteaux de la Méjanelle, Coteaux-de-Saint-Christol, Coteaux-de-Veyrargues, Faugères, Montpeyroux, Pic-Saint-Loup, Quatourze, Saint-Chinian, Saint-Drézéry, Saint-Georges-d'Orques et Saint-Saturnin. Tous ces vins sont fort différents, c'est une constatation élogieuse et non une critique. L'appellation régionale « Coteaux du Languedoc » ne concerne que les vins rouges et rosés. En revanche, les appellations particulières employées seules visent les vins des trois couleurs : blancs, rouges et rosés.

Ci-dessus et en bas à droite, le curieux aspect des vignobles « en espaliers » de Collioure, sur le rivage languedocien. Ci-dessous, les vignes de la merveilleuse cité médiévale de Carcassonne. En haut à droite, un paysage des Corbières.

Corbières
VIN DÉLIMITÉ DE QUALITÉ SUPÉRIEURE

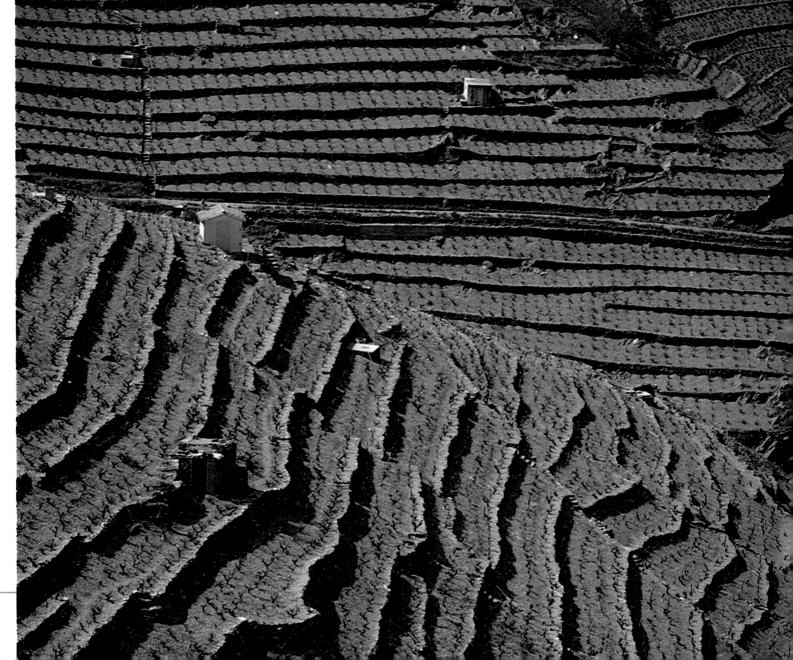

LA GRANDE COLERE DU LANGUEDOC

La plaine languedocienne n'est pas la terre des demi-mesures, l'histoire de sa viticulture le prouve amplement. Ainsi, en 1907, dans un contexte de surproduction aggravé par la concurrence des vins étrangers, des affaires de fraude et de sucrage mirent la province à feu et à sang. Le mouvement partit d'Argeliers, un petit village de l'Aude, et à sa tête se trouvait Marcellin Albert, un cafetier appelé à devenir célèbre sous le nom de « Rédempteur ». Derrière ce meneur d'hommes, le 20 mai, 200 000 viticulteurs se réunis-sent à Carcassonne et, le 9 juin, ce sont 700 000 manifestants qui enva-hissent Béziers, tant et si bien que Clemenceau fait occuper les villes du Languedoc par l'armée. Le malaise est si profond qu'un régi-ment se révolte en criant : « on assassine nos frères ! », avant d'être déporté en Afrique. Cependant la répression vient à bout de la colère vigneronne et Marcellin Albert, désavoué par la population, s'exile en Algérie, bien loin d'imaginer qu'à notre époque, les crises du vignoble se répétant, on lui rendrait de vibrants hommages, allant jus-qu'à ériger une statue à son effigie dans son village.

LA CATHEDRALE DES VIGNES

Fondée en 1138 et affiliée à l'ordre de Cîteaux, l'abbaye de Valmagne, non loin de Pézenas, connut un sort enviable jusqu'à la Révolution. Elle fut d'abord l'une des plus riches de tout le Midi, et, si elle laissa un peu de sa superbe durant les guerres de Religion, elle redevint ensuite flo-rissante, au point de prendre un tour presque versaillais. Vendu comme bien national en 1791, cet ensemble exceptionnel était promis à la destruction, mais il fut sauvé par une nouvelle vocation.

C'est ainsi que l'on a aujourd'hui la surprise de découvrir à Valmagne une abbatiale transformée en chaire, monumentale, avec de grands foudres de bois occupant les bas-côtés de sa nef aux sept travées. Il n'y a rien de choquant dans cette vision, le vin n'est-il pas boisson divine ? Il s'agit en l'occurrence du picpoul de Pinet : c'est le principal vin blanc des coteaux du Langue-doc. Les autres bâtiments de l'ab-baye connaissent semblable renais-sance, en abritant de temps en temps des congrès et des soirées culturelles.

Ci-dessus, à droite : propriété viticole dans le Languedoc.

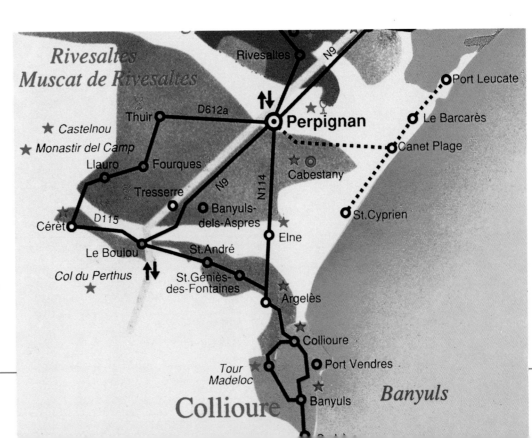

CUCUGNAN, UN FIEF DES CORBIERES BIEN LOIN DE LA PROVENCE

Autant qu'un vignoble réputé, les Corbières sont un massif montagneux qui couvre près de la moitié du département de l'Aude. Pour s'accrocher à un terroir si escarpé, il faut aux vignerons autant d'acharnement qu'en avaient mis les Cathares à bâtir leurs forteresses et c'est justement en suivant les traces de ces hérétiques, ou prétendus tels, que l'on découvre Cucugnan. Au-dessus de vignes bien peignées et sur fond de garrigues farouches qui ne sont finalement pas très différentes de celles de Provence, c'est bien là le village au nom savoureux qu'Alphonse Daudet fit entrer dans la légende. Comme ailleurs en Corbières, on y produit un vin généreux qui titre de 11 à 13° et qui « a de l'accent ».

LA PLUS VIEILLE « A.O.C. » DE FRANCE

Unique cru de vin mousseux du Languedoc-Roussillon, la Blanquette de Limoux peut sans doute revendiquer d'être la plus ancienne appellation d'origine contrôlée de France, puisqu'au XIVe siècle, déjà, des ordonnances royales interdisaient l'introduction de vendanges et de vins étrangers dans cette paroisse. L'appellation officielle ne date que de 1938, mais la Blanquette de Limoux n'avait pas besoin de ce certificat pour garantir son authenticité, les vignerons du Limouxin s'étant toujours faits les garants de la tradition. Depuis deux ou trois décennies, ils ont en outre montré un beau dynamisme commercial, ce qui vaut un large succès à leur vin chantant.

LE COLLIOURE, UN ROUGE TRES TYPE

Perdu dans l'océan des vignes dont provient le Banyuls et se distinguant en particulier par une récolte qui précède celle de ces vins prestigieux, le vignoble de Collioure n'est petit que par la taille. Cette A.O.C. correspond en effet à un vin rouge de caractère qu'apprécient fort les habitués de la région : il est produit essentiellement à partir de grenache noir, avec un apport de Garignan et un soupçon d'autres cépages, et la faiblesse des rendements est remarquable. Ces facteurs sont à l'origine de vins bien colorés, assez chauds, corsés, avec des arômes de fruits rouges très mûrs. A cette personnalité puissante s'ajoute une grande vinosité, due à la richesse en alcool de ce cru qui vieillit trois mois en fûts de chêne.

En haut : un aspect du vignoble des Corbières près de Paziols. Ci-contre : le célèbre village de Cucugnan.

CRUS MOINS CONNUS MAIS GRANDS VINS

Bien connus dès l'Antiquité, les vins du Jura ont été illustrés par Pasteur qui entreprit à Arbois ses recherches sur la fermentation et les maladies du vin, exposées dans ses fameuses *Etudes sur le vin*. Sur un territoire restreint, ce vignoble possède la particularité de produire des vins d'aspect et de goût fort différents. Les rouges légers proviennent du poulsard et contiennent également du trousseau et du pinot noir dans de moindres proportions. Ce sont des vins très francs qui demandent à être mis en bouteilles assez tôt. Les rouges corsés sont issus du trousseau et du pinot noir.

Les vins blancs proviennent du chardonnay ou d'un assemblage de chardonnay et de salvagnin. Ce sont des vins bien équilibrés, ayant du corps, pouvant rester en fûts pendant plusieurs années avant d'être mis en bouteilles. Le *vin jaune*, couleur ambre, issu du salvagnin exclusivement, est incomparable tant sur le plan de l'originalité que sur celui de la richesse. C'est un vin de garde par excellence. Après une vinification classique, il est mis en barrique au printemps de sa deuxième année et s'élabore alors de lui-même des années durant, de façon mystérieuse et aléatoire. Enfin, le *vin de Paille* provient des plus beaux raisins choisis dans la vigne. Sa fabrication est délicate, car le fruit doit être mûr et très sain. Des raisins sont étendus sur un lit de paille ou suspendus dans un local sec et aéré. Ils s'y déshydratent lentement. Quand la dessiccation est à point voulu, après deux mois au moins, on procède à l'égrappage tout en rejetant les raisins détériorés. Et l'on presse. Du pressoir coule sans grande abondance un jus riche en sucre qui sera d'une haute teneur en alcool.

Le *Château-Chalon*, originaire du village du même nom, est incontestablement le prince des vins jaunes, car, si son élaboration suit les procédés habituels, il est ensuite conservé sous fûts de bois de chêne pendant six ans au moins, sans remplissage

Ci-dessus, vignoble de la région de Cahors et, ci-contre, des monts d'Arbois. A droite, fûts de Banyuls, devant la petite cité de ce nom et la Méditerranée.

(ouillage) : ainsi se forme une couche de levure. Son arôme et son goût sont ceux de la noix sèche. Il vieillit parfaitement et peut devenir centenaire. Il est présenté en bouteille spéciale, dite « Clavelin ». En cuisine, il fait merveille, soit pour la préparation, soit pour accompagner certains mets (crustacés, fromages à odeurs puissantes, etc.).

Le vignoble de *Banyuls* s'étend sur quatre communes : Collioure, Port-Vendre, Banyuls-sur-Mer, Cerbère. La roche mère est formée de schistes du cambrien. Ravins et collines se succèdent et les vignes sont établies en terrasses très étroites, souvent directement sur la roche mère et sur des sols acides et pauvres. L'alliance du grenache (au moins 50 pour cent), du maccabéo, du muscat et de la malvoisie du Roussillon, grâce au climat à la fois chaud et ensoleillé de la région, apporte aux vins de Banyuls leur cachet exceptionnel. C'est à juste titre qu'ils sont considérés comme les meilleurs vins de dessert français et parfois (Banyuls grands crus) comme l'égal des plus grands portos. La fermentation du Banyuls est arrêtée par mutage, c'est-à-dire par l'addition de 5 à 10 pour cent d'alcool à 90 degrés.

Situé au nord de Perpignan, *Rivesaltes* étend son vignoble aux terres rouges sur quelque 24 000 hectares, soit près des trois quarts du vignoble du Roussillon, dans les départements de l'Aude et des Pyrénées Orientales. Rivesaltes produit deux sortes de vins doux naturels : le rivesaltes et le muscat de Rivesaltes.

Le *Cahors* est produit, sur les deux rives du Lot, par une quarantaine de communes en amont et surtout en aval de la ville de ce nom, une ancienne cité située au nord de Toulouse. Le vin de Cahors est issu principalement du malbec avec le jurançon rouge, le merlot rouge, le tannat et le syrah comme encépagement d'appoint. Vinifié selon la méthode traditionnelle, il est probablement le plus foncé des vins rouges fins de France. Lent à se faire, d'excellente garde, ferme mais sans rudesse, le vin de Cahors présente une grande distinction et un bouquet spécial et il bénéficie, depuis 1971, de l'appellation d'origine contrôlée. C'est un vin à ne pas boire jeune, car il ne donne le meilleur de lui-même qu'au bout de cinq à dix ans de bouteille.

Jurançon est une appellation d'origine contrôlée qui, depuis 1975, s'applique aussi bien aux vins blancs moelleux et liquoreux qu'aux vins blancs secs. Ils proviennent tous de vingt-cinq communes délimitées des Pyrénées-Atlantiques, au sud et à l'ouest de Pau. Leurs cépages sont inconnus ailleurs : le petit manseng, le gros manseng et le courbu. Le jurançon doit être fait avec des raisins arrivés à surmaturation.

Le vin de cette région développe une saveur et un bouquet très caractéristiques, où les spécialistes reconnaissent une association d'œillet, de canelle, de muscade et de girofle. C'est un vin de bonne garde, digne de l'intérêt que déjà Henri IV lui portait. C'est d'ailleurs avec du Jurançon et une gousse d'ail que son père, Antoine de Bourbon, frotta, dit-on, dès sa naissance, les lèvres de celui qui allait devenir l'un des rois de France les plus populaires.

UNE MONTAGNE S'EFFONDRE, UN VIGNOBLE S'EVEILLE

Quand le formidable mont Granier s'effondra soudainement en l'an 1248, il fit plusieurs milliers de victimes. Mais depuis lors, cette catastrophe survenue aux environs de Chambéry a fait un bien plus grand nombre de gens heureux : en effet, les très réputés vignobles d'Abymes et d'Apremont se sont développés sur les terrains de la montagne.

Ces vins blanc secs, précoces par excellence, sont presque transparents et délicieusement désaltérants. Appréciés en apéritifs, ils s'accommodent également avec les fruits de mer, la charcuterie, les poissons des lacs et, naturellement la raclette.

LE PATRIMONIO, PRINCE DES VINS DE CORSE

L'appellation Patrimonio correspond à une petite enclave de terrains calcaires finissant au golfe de Saint-Florent, vouée à un cépage presque unique, très proche de celui du Chianti, le Nielluccio, qui donne des vins rouges de bonne garde, somptueusement typés pour la couleur, les arômes et la saveur. Pour le blanc, ces vins corses qui sont les plus connus hors de l'île, proviennent essentiellement du Vermentino, ou Malvoisie de Corse.

LES PLAIES DU VIGNOBLE

On sait les dégâts que la grêle, la sécheresse, les inondations ou le gel peuvent occasionner aux vignobles. On imagine aussi dans quel état les guerres ou les invasions ont laissé ces délicates cultures, sans oublier les périodes de blocus, particulièrement désastreuses pour le commerce du vin. Après chaque désastre pourtant, les vignerons français réussirent à reconstituer leur patrimoine mais, au siècle dernier, ils faillirent bien disparaître de nos campagnes par la faute de minuscules parasites, tous venus d'Amérique.

TOUS LES GOUTS SONT DANS LE GAILLAC

Niché dans un bassin du Tarn, au nord de Toulouse, le vignoble de Gaillac n'a rien à envier à ses grands voisins de Guyenne et de Gascogne pour ce qui est des titres de noblesse. Les rois de France et d'Angleterre en firent bon usage et seule eut raison de son succès la guerre commerciale menée par les vignerons du Bordelais qui contrôlaient le trafic fluvial.

Après une période floue, ce vignoble a retrouvé son identité, que symbolise la bouteille « gaillacoise ». La région de Gaillac produit l'une des plus riches palettes de France, avec des blancs secs ou moelleux, du mousseux élaboré à la mode gaillacoise ou suivant la méthode champenoise, des rosés de saignée et des rouges de garde.

LE « BIOU » D'ARBOIS

Le « Biou », c'est tout simplement le beau. Le plus beau raisin des vendanges, celui que l'on offre cérémonieusement à saint Just, le patron d'Arbois. Et comme on ne trouve jamais une grappe assez belle, on assemble des dizaines d'entre elles jusqu'à former un fruit gigantesque dont le poids, proportionnel à la récolte, a parfois approché les 100 kg.

Porté à l'épaule par quatre vignerons, le « Biou » est amené de la maison de Pasteur à l'église en cortège. Là, il reçoit la bénédiction du prêtre, avant d'être suspendu à la voûte du sanctuaire.

Coopérative à Parnac ; à droite en haut : vins du Forez ; au-dessous : vignes des Monts d'Arbois.

UN GRAND ŒNOLOGUE, LOUIS PASTEUR

On sait ce que la médecine moderne doit aux travaux de Louis Pasteur, mais il ne faut pas oublier que ce bienfaiteur de l'humanité rendit aussi d'immenses services à l'œnologie. A la demande de Napoléon III qui voulait savoir pourquoi tant de vin se gâtait avant de parvenir au consommateur, le grand savant se pencha sur les mystères de la fermentation alcoolique. Il s'installa dans la maison paternelle d'Arbois et choisit les vins du Jura comme sujet d'étude, travaillant même in situ sur une vigne qu'une plaque commémorative signale de nos jours. C'est à Arbois qu'il rédigea en 1878 sa monumentale *Etude sur le vin*.

MONBAZILLAC, AU PAYS DE CYRANO

Cousin du Sauternes, le Monbazillac met en œuvre les mêmes ingrédients, transposés aux portes de Bergerac : la « pourriture noble » y est favorisée non par un cours d'eau, mais par une exposition au nord, et les vendanges se font en plusieurs « tries ». Le résultat est un vin puissant et gras pouvant titrer jusqu'à plus de 18°.

Le Monbazillac a pour porte-drapeau le château homonyme, parfait exemple de forteresse Renaissance trônant en majesté sur les vignes : il est la propriété de la cave coopérative et les meilleures productions du cru vieillissent sur place, juste sous la salle de dégustation qui attend les visiteurs.

UNE ECAILLE DE TORTUE, UNE GOUSSE D'AIL ET DU JURANÇON

Il ne s'agit pas là de quelque recette de sorcière, mais plutôt, les historiens l'attestent, des accessoires qui ont présidé au baptême du futur Henri IV, en 1553. La carapace de tortue, que l'on voit encore au château de Pau dans un décor de lances en bois doré et de drapeaux aux armes de France et de Navarre, est le berceau légendaire du Béarnais, sauvé par miracle de l'autodafé révolutionnaire. Quant à la gousse d'ail et au Jurançon, c'est ce avec quoi son père humecta les lèvres de l'enfant, tradition qui fut longtemps perpétuée pour les princes de la maison de France. On ne sait si Henri IV garda de la cérémonie un goût immodéré pour l'ail, mais l'on est sûr qu'il resta toujours amateur de Jurançon.

LE CAHORS REVIENT DE LOIN

D'origine gallo-romaine, le vignoble de Cahors se trouva couvert d'honneurs au cours des âges, de Jean XXIII faisant venir des vignerons du cru pour cultiver le Châteauneuf-du-Pape à François Ier qui planta un cépage cadurcien à Fontainebleau, en passant par l'Eglise orthodoxe qui l'adopta comme vin de messe et par la cour des tsars qui le servait dans les grandes occasions. Cette histoire glorieuse faillit bien prendre fin avec les terribles gelées de 1956, qui anéantirent ce vignoble.

Reconstitué dans les méandres de la vallée du Lot avec des cépages de qualité, tout en conservant le meilleur de la tradition, comme l'usage de la « barrique perpétuelle », il a maintenant retrouvé sa place parmi les vignobles de qualité et l'on assiste même à sa réintroduction sur les Causses, où il était autrefois cultivé.

L'IROULEGUY, DERNIER VIN BASQUE

De ce côté-ci des Pyrénées, le vignoble d'Irouléguy est le dernier témoin d'une très vénérable tradition vigneronne. L'essentiel en est disposé autour de Saint-Etienne-de-Baïgorry, dont la coopérative commercialise les vins locaux : il s'agit d'un vin de table courant et, en A.O.C., d'un blanc et d'un rosé, ce dernier rivalisant avec ceux du Béarn voisin, accompagnant aussi bien la charcuterie du pays que la piperade. Ce vignoble produit également un rouge dont l'étiquette reprend les couleurs du drapeau basque et enfin un rouge millésimé qui est le meilleur complément des confits et des foies gras.

BORDEAUX : DES NOTIONS DE BASE

« La gloire de Bordeaux et son renom universel viennent de ses vins », c'est ce que proclamait déjà le poète gallo-romain Ausone. Tout comme Montesquieu, quatorze siècles plus tard, l'auteur latin était plus fier de son vignoble bordelais que de ses œuvres littéraires. Aujourd'hui, la ville de Bordeaux est le cœur palpitant d'un vignoble de 110 000 hectares qui produit près de la moitié de tous les vins de France, avec une récolte moyenne équivalant à 500 millions de bouteilles.

Contrairement à ce qui existe dans d'autres régions viticoles, on ne produit pas en Bordelais de vin provenant d'un seul cépage. Chaque exploitation viticole possède en général deux ou trois cépages adaptés à la nature du sol de chaque parcelle de terrain. La proportion de ceux-ci est un facteur déterminant de la qualité particulière du vin de l'exploitation. Il existe une diversité toute naturelle des caractéristiques gustatives des bordeaux, d'autant plus que le vignoble bordelais est le plus grand des vignobles de vins fins du monde et que la nature des sols et de l'encépagement y est très variée. Les cépages rouges sont les suivants : cabernet sauvignon, cabernet franc, merlot, malbec, petit verdot (rare). Et les cépages blancs : sauvignon, sémillon, muscadelle.

La race et le caractère particulier du vin de Bordeaux résultent, pour une bonne part, de la mansuétude d'un climat tempéré par l'océan Atlantique qui porte doucement les raisins à bonne maturité et favorise la fraîcheur, le fruité, la sève et le bouquet du vin. Autre caractéristique : une très grande diversité de sols. Ici le calcaire donne de la fermeté au vin ; là, au contraire, la vigne puise dans les graviers ou le sable la finesse et l'arôme d'un vin plus léger. L'éventail peut donc satisfaire tous les goûts.

En Gironde, « château » est un terme utilisé traditionnellement pour désigner un cru d'une certaine importance, possédant les bâtiments d'exploitation vinicole appropriés. Ce n'est pas une appellation, mais une indication de provenance, plus précise dans la commune. Un jugement de 1938 dit que le mot « château » en Gironde est le synonyme de *domaine*, de *clos* ou de *cru*.

Dans certaines régions, Haut-Médoc (1855), Sauternais (1855), puis Saint-Emilion (1958) et Graves (1959), le négoce et les propriétaires ont cherché à établir une hiérarchie entre les différents châteaux. C'est ainsi qu'est né un classement fameux en 1855, établi à la demande de l'empereur Napoléon III pour la présentation des vins de Bordeaux à l'Exposition universelle de cette année-là. Les plus chers furent classés *premier grand cru*, ceux un peu moins chers : *deuxième grand cru*, etc. jusqu'au cinquième cru. Viennent ensuite les *crus bourgeois exceptionnels* qu'on baptise curieusement aujourd'hui *crus exceptionnels*, puis les *crus bourgeois*.

Ci-dessus : le très célèbre château Margaux. Ci-contre : le château Rausan Ségla, à Margaux. A droite, le château Cos d'Estournel, à Saint-Estèphe, le château Carbonnieux à Léognan (Graves), le château de Beychevelle (Saint-Julien).

OIDIUM TUCKERII, PHYLLOXERA VASTATRIX, ET AUTRES MAUX

En 1847, le vignoble bordelais fut victime d'une première maladie due à un champignon, l'oïdium : elle fut enrayée en quelques années grâce à la pulvérisation de produits soufrés. A peine cette « maladie blanche » était-elle maîtrisée qu'en moins de trente ans, à partir de 1865, une sorte de puceron, le terrible phylloxera, ruina la quasi totalité du vignoble. Salage, badigeonnage, ennoyage, chaulage, insecticides, on essaya tout avant de trouver le seul remède efficace, qui consiste à greffer les plants locaux sur les racines de vigne américaine résistant au parasite.

L'activité viticole put alors reprendre, non sans avoir subi de profonds bouleversements, mais de nouvelles menaces allaient très vite s'abattre sur le vignoble. En 1881, le mildiou, un autre champignon, faisait son apparition : la parade fut cette fois-ci la « bouillie bordelaise », un mélange de chaux et de sulfate de cuivre découvert un peu par hasard.

DE MODERNES BORDELAISES

La forme et les dimensions de la bouteille bordelaise étant tombées dans le domaine public, avec toutes les possibilités de confusion et de tromperie que cela implique, le Conseil Interprofessionnel des Vins de Bordeaux a créé en 1983 une bouteille exclusive basée sur le modèle traditionnel : elle porte gravée à l'épaule l'inscription « Bordeaux » répétée trois fois et frappée des croissants entrelacés qui figurent sur les armes de la ville.

En outre, quelques châteaux possèdent maintenant leurs propres bouteilles, marquées à l'épaule de leur nom ou de leur écusson, et il arrive aussi que, pour des opérations de prestige, certaines bouteilles soient décorées à l'or ou à l'émail.

LE SERVICE DU BORDEAUX

Juste avant le moment de servir un bon Bordeaux, on coupe sa capsule sous la bague ou au milieu de celle-ci ; dans le cas d'une bouteille bouchée à la cire, on s'efforce d'enlever la cire avec un couteau sur la partie supérieure du col, toujours sans agiter la bouteille. Il convient alors de nettoyer soigneusement le tour du goulot, puis l'on s'emploie à extraire le bouchon au moyen d'un tire-bouchon à vrille large et non coupante, à l'exclusion de tout autre ustensile. Le bouchon, ou plus exactement le miroir, qui est sa partie en contact avec le vin, sera humé pour vérifier qu'il ne présente aucune odeur parasite et surtout pas celle du liège, et l'on essuiera le rebord intérieur du goulot.

Il est d'usage de verser le vin lentement, en prenant garde à un éventuel dépôt qui s'engagerait dans l'épaule de la bouteille, et en ne dépassant pas un bon tiers de la contenance du verre, celui-ci tulipé à la mode bordelaise, bien évidemment.

Des vins encore jeunes ou d'âge moyen peuvent nécessiter une décantation. On la pratique en transvasant le vin dans une carafe, traditionnellement à la lueur d'une bougie, et en opérant avec suffisamment de douceur pour ne verser que le vin clair, en laissant au fond de la bouteille sa partie troublée et les matières solides.

LES EGARDS DUS A UN VIEUX BORDEAUX

Le rituel qui entoure la dégustation d'une vieille bouteille de Bordeaux est une façon de faire durer le plaisir, mais c'est surtout l'assurance de ne pas amoindrir un produit aussi exceptionnel que délicat. Les soins commencent dès la sortie de cave, qui doit se faire la veille ou même l'avant-veille de la dégustation : sans geste brusque, on prend la bouteille sur pile et on la redresse lentement pour la mettre debout, à moins qu'on ne la dispose directement dans un panier verseur, à la température de la pièce de réception (16 ou 17° étant considérés comme un optimum).

UN COMBAT JAMAIS COMPLETEMENT GAGNE

Après les grands fléaux du XXe siècle, d'autres champignons apparurent, le black-rot, cousin du mildiou, l'anthracnose, le pourridié, sans compter les insectes, comme le redoutable cochylis. Les soins appropriés sont maintenant au point et ces épisodes malheureux ont surtout eu pour effet d'éliminer les parties les moins nobles du vignoble bordelais.

De nos jours, seule une charmante coutume rappelle ces temps troublés à qui parcourt le Bordelais : les roses rouges que l'on voit resplendir en bout de règes, surtout dans le Médoc, sont en effet un héritage du siècle dernier, où l'on surveillait ainsi une éventuelle attaque du mildiou.

LA BOUTEILLE BORDELAISE

La forme unique et bien connue de la bouteille bordelaise se décline en maintes contenances, depuis le quart (18,7 cl), qui accompagne les repas pris en avion, jusqu'au rarissime nabuchodonosor, qui vaut 20 bouteilles de 75 cl. On connaît également le magnum (2 bordelaises), le double magnum (4), le jeroboam (6) puis, exceptionnellement, l'impériale (8), le salmanazar (12) et le balthazar (16). Sur le plan local, les amateurs font montre de plus de fantaisie en continuant d'utiliser la « cantine », qui est une dame-jeanne de contenance indéterminée, recouverte d'osier tressé.

BARRIQUES ET « TONNEAUX »

Sous une apparence rustique, la barrique bordelaise est un récipient qui obéit à des règles d'une rigueur absolue : il y a plus de deux siècles que sa contenance a été fixée à 225 litres, tandis que les textes actuels définissent ses dimensions avec la plus extrême précision. Pour les grands crus, ces fûts de chêne furent d'abord façonnés dans du bois fendu et non scié provenant des pays de la Baltique, puis, au siècle dernier, dans des merrains de Bosnie ; de nos jours, les meilleurs merrains viennent de la forêt de Tronçais, dans l'Allier, ainsi que des chênaies du Limousin.

Bien que représentant une contenance tout aussi précise (900 litres, soit quatre barriques), le « tonneau » bordelais ne figure jamais dans les alignements des chais, pour la bonne raison qu'il s'agit seulement d'une unité de mesure spécifique à ce vignoble qui sert à indiquer le prix du vin en vrac.

Ci-dessus : St-Croix-du Mont, vignoble des premières côtes de Bordeaux ; ci-dessous : une curieuse vue de Château Margaux. En pages suivantes : autre vue du château derrière sa noble grille.

CHATEAU HAUT-BRION
PREMIER GRAND CRU CLASSÉ

MEDOCS ET GRAVES

Les médocs et les graves ? Ces deux grandes régions ont conquis depuis des siècles une réputation universelle, mais séparément et à des titres divers. Pourquoi dès lors les associer ici ? Parce que, géographiquement et historiquement, tout, en fait, les rapproche. Mis bout à bout, les deux vignobles se déroulent sur une étroite bande de terre de plus de cent kilomètres, de la pointe de Grave au sud de Langon.

Le Médoc, c'est le règne sans partage des grands vins rouges. Occupant des croupes graveleuses reposant sur des grès ferrugi-neux ou des calcaires, les sarments donnent des vins de grande lignée, corsés sans excès, remarquables par leur sève, leur bouquet et leur parure rubis, présentant une aptitude à un vieillissement idéal de cinq à dix ans. Des vins qui laissent bonne bouche et le cerveau dégagé.

Le vignoble médocain se subdivise en deux aires d'appellations : le *Médoc* proprement dit, dans sa partie nord, qui produit des vins légers, souples et agréables. Et le *Haut Médoc*, dans la moitié sud, qui s'enor-gueillit des appellations *saint-Estèphe, Saint Julien, Listrac, Moulis, Margaux* et *Pauillac,* ces deux dernières avec leurs fameux *Châteaux-Margaux, Château-Lafite, Château-Latour* et *Château Mouton-Rothschild,*

CHATEAU LAFITE-ROTHSCHILD

classés premiers grands crus. S'il fallait défi-
nir ces éminences, disons que les margaux
sont généreux et suaves de bouquet, les
Pauillac plus moelleux et séveux, les saint-
estèphe, moins corsés mais plus aromatisés
que les pauillacs, les moulis étoffés et char-
nus, les listracs enveloppés et pleins de sève
également.

Les graves commencent aux portes de
Bordeaux et constituèrent le berceau même
du vignoble girondin. Ce terroir de graviers
alluvionnaires et de sable longe sur une
soixantaine de kilomètres la rive gauche de
la Garonne. On y produit tout à la fois des
vins rouges (un tiers de la récolte) et des
vins blancs. Les graves rouges sont cousins
du médoc, plus hauts en couleur, avec une

tendance plus musclée, plus tanniques, plus
longs à se faire. Ce sont de très grands vins,
doués pour vieillir de cinq à vingt ans. Le
fleuron en est le *Château Haut-Brion*, qui
s'est vu accorder le privilège exceptionnel
de figurer dans les premiers grands crus du
Médoc. Avec les années, les graves rouges
prennent de la finesse et du velours et
développent un bouquet très marqué. Il est
déconseillé de les boire avant quatre ans de
garde au moins.

Les graves blancs secs, récoltés dans la
partie nord du terroir, sont nerveux, racés,
d'une grande distinction et longs en bouche.
les graves blancs moelleux ou liquoreux,
élaborés dans la partie sud, rappellent
beaucoup les sauternes sans toutefois par-

venir à les égaler.

Pour les graves, les meilleures communes
sont Pessac (rouge), Talence, Léognan,
Caduajac, Martillac (rouges et blancs).

Médocs et graves accompagnent presque
tout à merveille ! Citons toutes les viandes
blanches, les fromages, et même, selon une
tradition, les baies rouges.

**A gauche, auprès de marques célèbres, les
caves du château Mouton-Rothschild et le
château de Lamarque (XII° siècle ; Médoc).
Ci-dessus, vignes du château Monteillan
(Médoc) ; ci-dessous, l'entrée du château La
Tour (Graves).**

LES NOUVEAUX JURATS

C'est la partie vigneronne de leur mission d'antan que les Jurats de Saint-Emilion remplissent à nouveau depuis que leur confrérie a été reconstituée, le 13 septembre 1948, à l'initiative de Daniel Querre et du mémorable curé Berger.

Ainsi, ces honorables personnages président-ils aux rites retrouvés du Chapitre des Honneurs, en Avril, et du jugement du vin nouveau, en Mai. A cette occasion, si d'aventure les Jurats ne trouvent pas le vin de l'année assez bon, ils brûlent symboliquement quelques barriques au pied de la Tour du Roi.

Fort heureusement, avec les progrès de la vinification, cette coutume semble bel et bien vouée à l'oubli.

Et c'est toujours en portant beau que les Jurats poursuivent leur œuvre, dirigeant encore la fête du Printemps en juin et le Ban des Vendanges qu'ils proclament solennellement en septembre, du haut de la cour médiévale.

Le reste de l'année les voit s'attacher à promouvoir le vin de Saint-Emilion, tâche plaisante quand elle s'applique à un breuvage de renommée mondiale qui était déjà au XIIe siècle un « vin honorifique » pour les Français et « the king of wines » pour nos voisins d'outre-Manche.

commune, c'est-à-dire qu'ils étaient à la fois juges, édiles, chefs militaires et collecteurs d'impôts.

Mais déjà la vigne occupait une place éminente dans l'activité de Saint-Emilion et les jurats étaient également chargés de proclamer le ban des vendanges, de veiller à la qualité du vin, de réprimer les abus et les fraudes, et, après dégustation à l'aveugle, d'apposer les armes de la ville sur les barriques de bon vin, au moyen de la marque à feu dont ils avaient l'usage exclusif.

DES « SATELLITES » HAUTS EN COULEUR

En 1936, cinq communes limitrophes de Saint-Emilion, autrefois placées sous l'autorité de sa Jurade, obtinrent le droit d'accoler la prestigieuse mention à leur propre appellation. Montagne, Parsac — ces deux communes maintenant fusionnées — Saint-Georges, Puisseguin et Lussac sont toutes situées au nord-ouest de la cité fameuse, dans une région de collines aux sols très variés et aux innombrables demeures historiques. Tradition oblige, les vins de ces appellations ont une qualité qui approche celle des Saint-Emilion, tout en s'en distinguant par des caractères propres.

L'ORIGINE DE LA JURADE DE SAINT-EMILION

Parés d'une robe et d'une toque dont l'éclatant rubis, mis en valeur par une cape et un rabat immaculés,

A gauche : caves de Saint-Emilion. Ci-dessous : réunion de la « Jurade » de Saint-Emilion.

n'est autre que la couleur du vin qu'ils parrainent, les Jurats de Saint-Emilion comptent parmi les figures les plus marquantes de l'imagerie vigneronne du Bordelais.

Cette confrérie a pour origine la charte de Falaise du 8 juillet 1199, par laquelle Jean sans Terre, roi d'Angleterre et suzerain de Guyenne, confirma les privilèges accordés par Richard Cœur de Lion à la cité de Saint-Emilion : en ce temps-là, les Jurats étaient des gens de bien chargés d'administrer la

QUAND LA TRADITION VIGNERONNE RENCONTRE L'HISTOIRE

On sait avec quel enthousiasme le poète épicurien Ausone, qui a donné son nom à l'un des deux premiers grands crus de la classe « A », chantait le vin de Saint-Emilion au IVe siècle de notre ère. Les communes voisines ne sont pas en reste quant à l'ancienneté du vignoble, Lussac-Saint-Emilion conservant dans son nom le souvenir du Romain Luccius, introducteur de la vigne en ces parages, et Puysseguin-Saint-Emilion affirmant être plus ancienne encore puisque, interprété à la mode celtique, son nom signifie « montagne du vin fort ».

Les mille « châteaux » de la généreuse terre du Libournais ont ainsi, à l'occasion, croisé l'histoire, grande ou petite. Au château Belair, si l'on en croit la tradition locale, se seraient arrêtés Ausone puis Du Guesclin. Pour sa part le château Balestard La Tonnelle s'enorgueillit d'avoir vu son « divin nectar » célébré par François Villon, et le château Le Castelot serait né d'une auberge que le roi Henri IV avait trouvé particulièrement accueillante. Plus authentiques sans doute sont les éléments qui s'attachent au château Bellevue, refuge du député girondin Lacaze en 1793, et au château Guadet-Saint-Julien, qui rend hommage au révolutionnaire Marguerite-Elie Guadet, guillotiné l'année suivante.

SAINT-EMILION

Saint-Emilion dispute aux graves la doyenneté vineuse de la Gironde. De toute évidence, Jules César but force Saint-Emilion, de même qu'Ausone en fut le premier chantre célèbre. Aujourd'hui Saint-Emilion se répartit en 1 000 crus, 5 000 hectares et 8 communes. Produisant exclusivement des vins rouges, le vignoble s'étend, à partir de Libourne, sur les coteaux et les terrasses de la rive droite de la Dordogne, sur les communes suivantes : Saint-Emilion, Saint-Christophe des Bardes, Saint-Laurent-des-Combes, Saint-Hippolyte, Saint-Etienne-de-Lisse, Saint-Pey-d'Armens, Vignonnet et Saint-Sulpice-de-Faleyrens. A ce terroir original s'ajoutent cinq appellations satellites de Saint-Emilion situées sur les communes limitrophes et se terminant toutes par Saint-Emilion, comme Montagne-Saint-Emilion, les autres étant Saint-Georges, Lussac, Puisseguin et Parsac. Les saint-émilion sont des vins rouges chauds, capiteux, au bouquet très personnalisé, revêtus d'une rutilante robe de velours soutenue. Ce sont des crus puissants, qui ont du souffle. Ils atteignent leur plénitude après six ou dix ans de vieillissement, et parfois bien au-delà.

Il fallut attendre 1955-1958 pour que des décrets fixent les mérites de quelques châteaux indiscutables. Ce classement définit quatre catégories d'appellations : Saint-Emilion, Saint-Emilion grand cru (une centaine au total), Saint-Emilion grand cru classé (qui comprend 72 châteaux) et Saint-Emilion premier grand cru classé, appellation limitée à 12 châteaux, dont deux dits de catégorie A, les prestigieux *Château-Ausone* et *Château-Cheval-Blanc*.

La topographie oblige depuis longtemps à distinguer deux types de saint-émilion, selon qu'ils proviennent des côtes ou de la plaine : par exemple Château-Ausone est un vin de côtes, tandis que Cheval-Blanc est un vin de graves (il s'agit là du terrain et non de la région des Graves).

Le saint-émilion est l'un des rares vins rouges au monde qui puisse entrer dans la composition de plats à base de poisson.

Au milieu du vignoble de Saint-Emilion, la flèche de l'église de la cité et les vestiges d'un très ancien couvent. A droite, le vignoble du château de Haut-Sarpe ; les membres de la « Jurade » et le château Saint-Georges.

Tout le monde connaît la fameuse lamproie à la Bordelaise, qui est une sorte de civet de poisson. Mais il existe une merveilleuse recette de truite au saint-émilion. Naturellement, on boit avec ces mets le vin qui a servi à préparer la sauce. Il faut agir de même pour les plats en sauce à base de volaille ou de bœuf. Le saint-émilion anoblit aussi quelques très bons desserts : poires confites, fraises et pêches au vin, par exemple.

Dans leurs cinq premières années après la récolte, les saint-émilion peuvent se boire relativement frais (12 degrés environ) en compagnie de mets simples, de pain de campagne, de cochonnailles et de fromages tendres. Des vins plus âgés, servis à 16-17 degrés, accompagneront, en revanche, remarquablement bien les rôtis et les gigots, tandis que l'on préférera des vins nettement plus vieux pour les volailles et autres viandes blanches, ainsi que pour des champignons comme les cèpes.

CHATEAU-PETRUS, UN PRINCE AUX DISCRETS ATOURS

Par opposition au Bordelais proprement dit, le Libournais est le pays des petits domaines et des « châteaux du vin » à l'architecture discrète. Mais le tour lilliputien qu'y prennent parfois les demeures et les propriétés n'influe en rien sur la grandeur des vins, comme en témoigne superbement le Château Petrus. Ce nom magique, porté au pinacle à l'égal des meilleurs Médocs, correspond à une simple maison campagnarde aux boiseries turquoises, qu'escalade sans façon une vigoureuse glycine.

AUX SOUPERS FINS DE VERSAILLES COMME SUR LES TRETAUX DES VIGNERONS

On l'a vu, quand les étiquettes des vins de Fronsac évoquent l'empereur à la barbe fleurie ou bien le duc de Richelieu et les fêtes galantes de Versailles, elles ne trahissent en rien l'histoire fronsadaise. De même, la confrérie des Gentilshommes du Duché de Fronsac, à longue robe rouge à parements bleu nuit et à sautoir à l'effigie du duc de Richelieu, fait-elle à juste titre référence à la grande figure du vignoble.

« Il n'est bon vin que de Fronsac, foi de gentilhomme ! » proclament en chœur ses membres lors de leur chapitre d'automne, avant de s'attabler pour la traditionnelle « gerbaude » bordelaise qu'ils ont remis à l'honneur. Ce repas des vendangeurs, dont la mécanisation a fait reculer l'usage, commence par une soupe arrosée d'un verre de vin de la récolte précédente, et se poursuit avec force daubes et farcis, tandis que défilent les cuvées dans les verres et que fusent les bonnes histoires, prélude à un bal qui mène fort avant dans la nuit.

LE VIN DES MOINES ET DES PELERINS

Vraisemblablement né aux temps gallo-romains, le vignoble de Pomerol s'affirma au XIIe siècle, quand l'ordre des Hospitaliers de Saint-Jean-de-Jérusalem installa en cette cité sa première commanderie régionale. Une église, un couvent et un hôpital, il n'en fallait pas plus pour que les pèlerins en route pour Saint-Jacques-de-Compostelle fassent de Pomerol l'une de leurs grandes étapes. Par voie de conséquence, le vignoble monastique prit de l'ampleur et l'on voit encore — comme à l'entrée du château Moulinet — quelques-unes des bornes frappées de la croix des Hospitaliers dont les moines jalonnèrent les nouvelles parcelles.

Presque complètement détruit pendant la guerre de Cent ans, le vignoble pomerolais se reconstitua lentement aux XVe et XVIe siècles, mais il ne retrouva son importance d'antan qu'à la fin du siècle dernier, au moment de l'âge d'or de la viticulture girondine.

L'HISTOIRE DE POMEROL RESUMEE EN UN COSTUME

C'est le début de l'histoire locale que symbolise le costume de l'actuelle confrérie des Hospitaliers de Pomerol : sur leur robe rouge à parements noirs, ces ambassadeurs des vins locaux portent en effet une large croix de Malte au centre de laquelle se voit une coquille Saint-Jacques. Fondée en 1968, la confrérie poursuit les mêmes buts que ses

homologues, s'attachant à la promotion des vins et à l'animation du vignoble de Pomerol : à ce titre, elle tient son grand chapitre chaque premier dimanche de juin, et la cérémonie se prolonge par une dégustation qui renoue avec les traditions monastiques du cru.

A gauche : bouteille géante « ornant » les vignes de Pomerol ; ci-dessus, le château de la Rivière dans le Fronsac ; à droite : chai du château Parré Decesse.

LA « TISANE A RICHELIEU »

Le vignoble de Fronsac est situé dans la zone de confluence entre l'Isle et la Dordogne, une contrée qui se distingue par son relief marqué. Les deux principales éminences en sont la butte de Saint-Aignan et le fameux tertre de Fronsac, dont les abrupts inspirèrent à Charlemagne la création d'un château. La place fut plusieurs fois renforcée, jusqu'à ce que Richelieu ne la fasse démanteler en 1623, dix ans avant de racheter la seigneurie de Fronsac, qui resta dans sa famille.

Ainsi son petit-neveu, Louis Armand Duplessis, en hérita-t-il au XVIIIe siècle : duc de Fronsac, duc de Richelieu, gouverneur de Guyenne et maréchal de France, ce grand seigneur, élégant et libertin, se fit construire une « folie » à l'italienne à l'emplacement de l'ancien château — sa salle de bal au parquet de miroirs est restée fameuse —, et fit connaître à Versailles le produit de ses vignes.

D'abord moquée, la « tisane à Richelieu » rallia bien vite les suffrages et la cour adopta sans plus de façons la mode du vin de Fronsac.

PETRUS, UNE GEOLOGIE QUI VAUT DE L'OR

Miniature tout autant que son château, le domaine de Petrus, impeccablement tenu au revers de celui-ci, ne couvre pas plus de 11,5 hectares.

Le secret de ce vin tient d'abord à son terroir, la fameuse « boutonnière » de Petrus, située au sommet du dôme argileux de Pomerol et caractérisée par une argile sombre parsemée de quelques débris cailouteux, et surtout de la « crasse de fer » qui donne un bouquet unique aux vins de la contrée.

Un autre élément de la réussite est la parfaite alchimie qui s'opère entre cette argile et un plant unique ou presque, le Merlot, tout juste complété de 5 % de Bouchet. Terroir d'exception et cépage idéal, dont le produit est encore transcendé par des « tours de main » particuliers au château, ou plutôt à la maison de poupée qui en tient lieu.

67

POMEROL ET FRONSAC

Le noble Pomerol est un vignoble mondialement connu, mais minuscule. Il se présente en un plateau d'environ 700 hectares dont le sol est formé de graves en surface et comporte en sous-sol des oxydes de fer, ce qui donne au vin son caractère bien marqué. On retrouve ici les cépages les plus fins, tels que le cabernet-sauvignon et le merlot.

Le Pomerol figure certainement parmi les plus grands bordeaux, mais sa réputation a été tardive. Que cette dernière ait été lente à s'imposer demeure un mystère, car le Pomerol n'est pas un vin secret, fermé, difficile à boire, ni même d'un type si spécial qu'il surprenne le dégustateur. Il tient du Médoc et du Saint-Emilion. Mais on dit de lui qu'il est le plus bourguignon des Bordelais, ce qu'en Gironde on lui a peut-être difficilement pardonné... Il possède la finesse et le bouquet des médocs, la charpente et la robe des saint-émilion, tout en bénéficiant de la rondeur et de la jovialité des bourgognes. C'est peut-être le seul vin qui révèle un goût profond et sombre tirant nettement sur la truffe. De plus, il a la réputation d'être moins sensible que d'autres aux millésimes, ce qui lui permet, avantage certain, de présenter une qualité assez constante même dans les petites années.

Quant au classement des vins de ce cru, il n'en existe pas d'officiel. Mais les usages, que nul ne songerait d'ailleurs à contester, ont depuis longtemps consacré un cru exceptionnel, le *Château Petrus* et une quarantaine de grands crus, parmi lesquels il faut citer les *Châteaux Certan* et Vieux-Certan, Château-l'Evangile, Château-l'Eglise, Château-Gazin, Château-Nenin, Château Petit-Village et Château-Trotanoy.

A vin riche, riches nourritures... Le pomerol se complaît au voisinage des truffes et du foie gras. Il n'est pas mécontent non plus du pigeon au sang, du perdreau forestière et de tout gibier à plumes ou à poils. Il faut le boire entre cinq et douze ans d'âge, à 17 degrés.

Prolongeant le terroir de Pomerol, les communes voisines de Lalande et Neac produisent des vins apparentés par leur chair, leur robe et leur bouquet. Ceux de

A gauche : modèles d'étiquettes et une vue du Château Vieux Certan (Pomerol). A droite, le château La Rivière, à Fronsac ; au-dessous, un ensemble de bouteilles constitue une figure géométrique réussie et colorée.

Lalande bénéficient d'une appellation *Lalande-de-Pomerol*, tandis que l'appellation Neac consacre les vins plus proches de Saint-Emilion.

Modeste village tassé autour de sa vieille église romane et situé à deux kilomètres au nord de Libourne, Fronsac s'enorgueillit d'un vignoble millénaire. Le *Fronsac*, s'il possède nombre d'amateurs en France, connaît depuis toujours une grande vogue à l'étranger. Il est fin et souple, avec une saveur épicée qui n'appartient qu'à lui ; il est charnu, ferme et corsé. Parfois un peu dur dans ses jeunes années, il demande à vieillir pour s'attendrir. Canon-Fronsac, le plus réputé de ce cru, a droit à cette appellation spécifique. Récolté exclusivement en coteaux sur les communes de Fronsac et de Saint-Michel-de-Fronsac, ce vin corsé à forte carrure possède la vigueur d'un bourgogne. De huit à dix années de vieillissement lui sont conseillées.

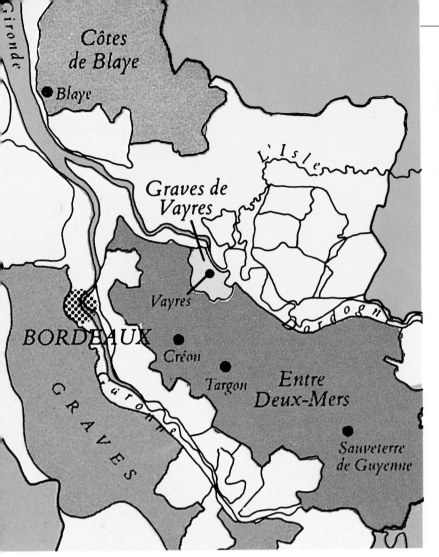

L'ACCENT ANGLAIS DE LAFITE-ROTSCHILD

Presque aussi ancien que le château Margaux, le château Lafite-Rothschild est une seigneurie à l'histoire échevelée, mais c'est surtout un vignoble qui confine à la légende depuis que le baron (anglais) James de Rothschild et sa famille en conduisent l'exploitation. Ce bout de Guyenne, autrefois possédé par le duc de Gloucester, est ainsi retourné à l'Angleterre, en 1868.

« MONTESQUIEU, MARCHAND DE VIN »

Bien placé parmi ceux qui ont chanté les vins de Bordeaux, on trouve le seigneur de La Brède, qui arpentait ses règes avec un échalas en guise de canne et qui, de son château sis au cœur des Graves, signait volontiers ses lettres : « Montesquieu, marchand de vin », se réjouissant de voir le succès de ses livres en Angleterre rejaillir sur celui de ses produits.

Par ailleurs, Montesquieu avait reçu de Jeanne de Lartigue, son épouse originaire de Bordeaux, le château Ferrand, de nos jours connu comme le château La Tour Martillac. Au total, l'auteur des *Lettres persanes*

était à la tête de cinq domaines répartis des limites de l'Armagnac à l'Entre-Deux-Mers et, de la Hollande aux Isles, on connaissait les divers produits de ses vignes.

L'AMERIQUE VIENT AU CHATEAU HAUT-BRION

De tout temps, les puissants se disputèrent le prestigieux château Haut-Brion, le gouverneur de Guyenne le possédant par exemple avant de périr sous la guillotine, puis Talleyrand, jusqu'à ce que Clarence Dillon, l'un des grands de Wall-Street, s'en porte acquéreur en 1935, confirmant ainsi la place que tient ce château dans le cœur des Anglo-Saxons. Aujourd'hui encore, administré par la famille du financier, le château Haut-Brion n'a rien perdu de son aura.

La tradition et la modernité s'y conjuguent pour la plus grande satisfaction des amateurs, depuis la fermentation en cuves inox — elles furent ici parmi les premières du Bordelais —, jusqu'au remplissage des fameuses bouteilles à empreinte qui rendent ce bordeaux rouge à nul autre semblable, avant même qu'on y ait porté les lèvres. A signaler que le château vinifie également un superbe Graves blanc à la diffusion confidentielle.

LE DOYEN DES GRANDS CRUS DE BORDEAUX

Aujourd'hui enclavé dans la capitale des grands vins, entre immeubles et routes banlieusardes, le château Haut-Brion fut le seul cru des Graves à être classé dès 1855 ; il ne pouvait d'ailleurs en être autrement, eu égard à l'ancienneté et à l'excellence de sa production. C'est en effet en 1533 que Jean de Pontac constitua ce domaine sur des Graves particulièrement propices, faites d'un mélange de sables et de galets sur lequel resplendissent de petites dragées de quartz laiteux.

Un siècle plus tard, l'un de ses descendants, Arnaud de Pontac, s'employa à porter au plus haut la qualité du vin, inventant notamment le soutirage et l'ouillage, tandis que son fils François-Auguste eut la fructueuse idée de s'en aller à Londres pour ouvrir un commerce original, mi-restaurant, mi-épicerie fine, qui allait répandre outre-Manche le goût des « new french clarets ».

MOUTON-ROTSCHILD BOUSCULE LE CLASSEMENT

Voisin de celui de Lafite-Rotschild, le château Mouton-Rotschild fut acquis en 1853 par le baron Nathaniel qui appartenait à une autre branche de la célèbre famille de banquiers britanniques. A l'époque, le château était classé second grand cru, mais, au terme d'un long combat que l'on disait perdu d'avance contre l'intangibilité du classement de 1855, le baron Philippe obtint en 1973 que son vin accédât au premier rang.

Ce dynamique propriétaire a rassemblé une fabuleuse collection artistique se rapportant à sa passion, un trésor de verrerie, d'orfèvrerie, de tableaux et de tapisseries que l'on peut visiter au château. Ce penchant se retrouve sur les étiquettes du vin fameux, dont le baron Philippe confiait la réalisation aux plus grands, tels que Cocteau, Dali, Braque ou Léonor Fini.

LATOUR, LE PLUS VENERABLE

Au premier rang des châteaux qui voient l'eau, cohabitent trois illustres châteaux. Dans l'ordre de l'ancienneté, c'est le château Latour qui l'emporte, puisque le domaine était déjà évoqué par Froissart au XIVᵉ siècle : cette incomparable mémoire vigneronne est aujourd'hui au service d'une exploitation modèle où le classicisme le plus rigoureux côtoie les quelques apports de notre siècle.

A l'écart du décor paisible et quelconque du bourg de Margaux, on aborde en effet ce temple du vin par l'entremise d'une longue allée de platanes, perspective qui finit sur une majestueuse façade palladienne. Près de deux siècles de patine l'ennoblissent, puisque le château date du début du XIXᵉ siècle, époque fastueuse pour Bordeaux, dont Victor Louis venait alors d'édifier quelques-uns des plus beaux fleurons, ainsi que pour son vignoble, particulièrement en Médoc.

Saint-Emilion et l'on est en outre presque certain qu'il séjournait également dans ce qui est aujourd'hui le village de Loupiac.

DES CHATEAUX QUI « VOIENT L'EAU »

Comme l'Entre-Deux-Mers, le Médoc dépeint sa géographie en son nom : celui-ci signifie « au milieu des eaux », c'est-à-dire entre l'estuaire et l'Océan et cette réalité physique a son prolongement dans

L'« EAU MINERALE » DE CARBONNIEUX

Etabli au cœur des Graves, le château de Carbonnieux est un bel exemple d'architecture rurale du XVIᵉ siècle, dont les transformations subies au XVIIIᵉ siècle n'ont pas trop altéré l'esprit. Ce remaniement des lieux fut l'œuvre des Bénédictins de Sainte-Croix de Bordeaux, qui acquirent le domaine en 1740 et s'employèrent parallèlement à en faire fructifier le vignoble, dont la réputation actuelle est toujours grande. Le dynamisme des moines leur fit conquérir de nouveaux marchés et leur vin blanc obtint par exemple un succès particulier dans les pays levantins. Mais comment, sans problème, faire parvenir du vin en terre d'Islam ?

Pour les moines, on s'en doute, le défi de l'interdit coranique était aussi plaisant à relever sur le plan commercial que sur celui de la religion. Ils étiquettèrent tout simplement leur vin : « Eau minérale de Carbonnieux en Guienne », et c'est ainsi que le sultan de Turquie, grand consommateur de cette boisson de qualité, pouvait ironiser sur ces étranges hommes d'Occident qui s'échinaient à faire du vin dans un pays où l'eau était si merveilleuse !

Le château Haut Berguey dans la région de Graves.

DE GRANDEUR ET D'HARMONIE : CHATEAU MARGAUX

L'amateur de grands vins, pour qui une bouteille de Château-Margaux prend des dimensions de monument, ne court pas le risque d'être déçu en allant à la découverte du domaine du même nom.
Car le château Margaux réalise l'alliance parfaite entre l'architecture et l'un des crus les plus prestigieux du monde ; on en prend conscience avant même d'avoir franchi les grilles du château.

AUSONE, A L'AVANT-GARDE DES ECRIVAINS-VIGNERONS

Les gens du Bordelais se montrent particulièrement attachés à la terre de leurs ancêtres et c'est ainsi que plusieurs hommes de plume ou philosophes natifs de la région n'ont pu se résoudre à rompre la chaîne des générations vigneronnes. On songe d'abord au poète Ausone, le premier chantre des vins de Bordeaux, qui possédait au moins deux propriétés viticoles : les restes de ses villas ont été retrouvés à Bourg et à

l'univers du vin. On sait en effet que les meilleurs crus proviennent des châteaux qui « voient l'eau » de la Gironde, ainsi que l'affirme un dicton local : « Pour que le vin soit bon, la vigne doit regarder la rivière, mais ne point s'y baigner. »
Alors que Bordeaux préside aux destinées des Graves, ce que symbolisait autrefois la Grosse Cloche annonçant aux campagnes alentour l'ouverture du ban des vendanges, le vignoble médocain a pour capitale Pauillac, une discrète et langoureuse cité, encadrée par les plus grands crus de l'appellation.

DANS L'OMBRE DU PRINCE

Premier grand cru classé et prince des margaux, le « grand » Château-Margaux jouit d'une réputation mondiale et l'on sait qu'entre autres célébrités c'était là le vin préféré d'Ernest Hemingway, qui alla jusqu'à faire donner le prénom de Margaux à sa petite-fille. Cependant, à côté de ce rouge d'exception, le château produit depuis plus d'un siècle un second vin délectable, le *Pavillon Rouge de Château-Margaux*, doté de sa personnalité propre.
Enfin, mettant à profit une curiosité géologique qui fait apparaître un petit banc de calcaire lacustre au milieu des graves du Médoc, le domaine entretient depuis à peu près aussi longtemps douze hectares plantés uniquement de sauvignon. Cela donne le *Pavillon Blanc*, un vin blanc sec irréprochable, qui possède en outre la faculté rare de bien vieillir en bouteille.

BORDEAUX BLANCS

Souffrant de vivre à l'ombre de la réputation des rouges, méconnus et même parfois oubliés en France, d'une notoriété quelquefois même en baisse à l'étranger, les vins blancs de Bordeaux sont sur le point de sortir du purgatoire. Ils sont aujourd'hui à la hauteur de la qualité des vins rouges de la région. En effet, les professionnels (viticulteurs, négociants, œnologues, membres des centres de recherche) ont travaillé en silence pendant près de dix ans pour préparer ce retour en faveur qui se dessine aujourd'hui tant en France qu'à l'étranger.

Ils se présentent maintenant dans une gamme complète, des blancs secs, selon le goût du jour, aux fabuleux liquoreux qui semblent nés hors du temps.

La Champagne mise à part, la Gironde est, avec une production moyenne d'un million d'hectolitres, le premier vignoble AOC de vins blancs. Les vins blancs de Bordeaux représentent 30 pour cent de la production moyenne en AOC du vignoble bordelais.

L'Entre-Deux-Mers est issu d'un terroir que ceinturent la Dordogne de la Garonne, là où les deux rivières vivent encore au rythme de la marée. Sec et fruité, il est le compagnon idéal des fruits de mer. D'ailleurs, ne dit-on pas, dans le pays : « Entre deux huîtres, Entre-Deux-Mers »...

Tout près de l'océan, sur la rive droite de la Gironde, la région de Blaye est, depuis toujours, vouée aux vins blancs. Ces *Côtes de Blaye* sont des vins légers et très secs, nerveux et désaltérants ; ils accompagnent à merveille les moules, les palourdes, les crevettes et les praires.

Les graves blancs tirent leur nom du sol qui les a vu naître : cailloux roulés et polis où le cep de vigne plonge profondément ses racines, véritable terre d'élection des vins fins. Rabelais qualifiait déjà ces vins de « galants » et « voltigeants ». Ils peuvent se boire jeunes, mais ils se caractérisent par rapport à la plupart des autres vins blancs par le fait qu'ils se bonifient en vieillissant. On les apprécie naturellement avec le poisson et les crustacés, et avec les entrées.

Sauternes et *Barsac* représentent 2 000

hectares répartis sur 5 communes ; ils produisent des vins uniques au monde : un microclimat, générateur de brouillards matinaux auxquels succède un chaud soleil, permet au raisin d'atteindre une surmaturité qui entraîne la réduction du volume des grains de raisin et une élévation de leur teneur en sucre. Ils sont attaqués par un minuscule champignon, Botrytis Cinerea, provoquant ce que l'on nomme joliment dans le pays « la pourriture noble ». ces vins se caractérisent par un parfait équilibre entre cette liqueur naturelle et la richesse alcoolique. Onctueux, racés et séveux, les sauternes et barsac ont une belle couleur jaune or et un bouquet délicat. Il faut les déguster à l'heure de l'apéritif ou avec des desserts peu sucrés, mais surtout savoir qu'ils sont sublimés lorsqu'on les associe au foie gras, au poisson, au poulet en sauce ou à certains fromages comme le roquefort. Sauternes et barsac doivent se boire très frais mais non frappés (6 à 8 degrés).

Quelques hauts-lieux du Sauternes ; à gauche, le château Yquem, le plus illustre, et son porche, ainsi que la borne sculptée (ci-contre) indiquant l'entrée du domaine. Ci-dessus, le château Filhat et le château d'Arche.

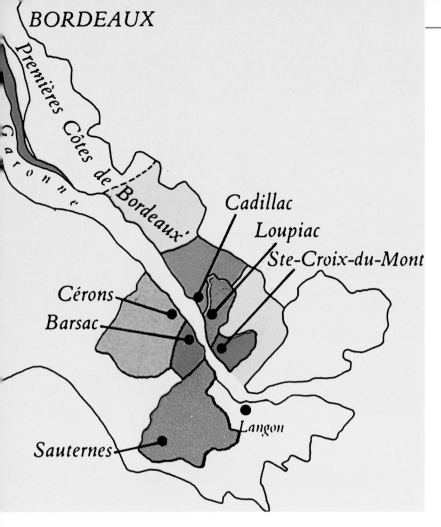

Premières Côtes de Bordeaux

Garonne

Cadillac
Loupiac
Ste-Croix-du-Mont

Cérons

Barsac

Langon

Sauternes

LA MUSIQUE AU CHATEAU

En plus d'être le saint des saints du Sauternes, le château d'Yquem constitue par lui-même un décor historique raffiné, à telle enseigne que le Mai musical de Bordeaux donne chaque année des concerts autour du vieux puits fleuri de sa cour intérieure.

MICHEL EYQUEM DE MONTAIGNE, L'ERMITE DES VIGNES

Au nombre des gloires littéraires du Bordelais figure encore Michel Eyquem de Montaigne, dont le nom de famille a été rendu célèbre de par le monde grâce au château Yquem, naguère possession de sa famille. Lui appartenait en propre l'actuel château de Montaigne des environs de Castillon-la-Bataille, sa retraite des *Essais*, de nos jours encore entourée des vignes qui constituaient le patrimoine du philosophe aux confins du Bergeracois. Le souvenir de Montaigne est également conservé près de Loupiac, qui est, avec Sainte-Croix-du-Mont, l'un

des fiefs des vins liquoreux de la rive droite de la Garonne : en effet le penseur était dans le même temps seigneur de Pontac, un château toujours réputé pour ses vins moelleux.

UN ART VENU DE L'EST ?

Plus prosaïquement, le procédé de la surmaturation fut peut-être inspiré de l'étranger, où on le con-naissait déjà. Aussi le négociant Focke, propriétaire de La Tour Blanche, a-t-il pu à la même époque s'inspirer des méthodes en cours dans les pays rhénans de son enfance ; ou alors un voyageur inspiré a-t-il ramené en Sauternais les tours de main employés par les Hongrois pour leur réputé tokay, coutumes d'ailleurs déjà mises en œuvre par les vignerons de Fronti-gnan. On parle également de l'in-fluence de marchands hollandais, mais, en tout état de cause, ce qui n'était que procédé devint un quasi-miracle en cette région baignée tan-tôt par le soleil et tantôt par les brouillards matinaux qui accompa-gnent la rencontre du Ciron et de la Garonne.

DU PRESSOIR A L'ETIQUETTE

A Yquem, les soins apportés à la vinification sont à l'avenant de ce qui se fait pour les vendanges, avec cette particularité que le matériel du cuvier est très modeste, du fait des maigres rentrées journalières d'une telle récolte. Un fouloir et trois pressoirs suffisent ainsi à pré-parer le jus qui est mis à fermenter directement en barriques neuves. Alors le vin est prêt à vieillir : il séjourne d'abord dans le chai du rez-de-chaussée, puis dans l'im-mense chai souterrain récemment aménagé, où il reste durant trois années, au cours desquelles il est régulièrement ouillé et soutiré.
Au terme de cet élevage intervient

la sélection finale, qui écarte impi-toyablement tout ce qui n'est pas digne de porter le nom d'Yquem, la quintessence de la production du château étant alors mise en bouteil-les sous l'étiquette prestigieuse, qui a paradoxalement la simplicité de celles qu'on met sur les pots de confiture.

AU PAYS OU L'ON VENDANGE GRAIN A GRAIN

Pour tout Sauternes ou Barsac, le perfectionnisme est de rigueur, mais à Yquem il est porté à son comble. Ainsi des « fumures » (...) qui sont exclusivement organiques — on entretient du bétail à cette seule fin —, ainsi de certains labours qui sont effectués par une paire de chevaux de trait. Quant aux vendanges, elles vont jusqu'à nécessiter dix ou onze passages dans les rangs, chacune de ces « tries » permettant de recueillir à l'aide de ciseaux spéciaux, et sou-vent grain à grain, le raisin idéale-ment attaqué par la pourriture noble. Il faut l'avouer, l'aspect de ces grains « rôtis » est loin d'être engageant et l'on a peine à imaginer que ces fruits violacés, ridés et cou-verts de moisissures puissent receler les éléments constitutifs d'un des vins les plus recherchés.

Ci-dessous : vigneron de Sauter-nes « sentant » le vin.

CHATEAU YQUEM, LA PERFECTION OU LE DECLASSEMENT

Pour les vendangeurs du Sauternais la pourriture noble a le visage de la perfection et, à la poursuite de cet idéal, ils sont parfois encore au travail en novembre, munis des paniers de bois caractéristiques de leur terroir, les « baillots ». En effet, jamais ni le raisin, ni les moûts, ni le vin de Sauternes ne doivent être en contact avec du métal au cours de l'élaboration de ce qui est appelé à devenir le meilleur vin blanc liquoreux du monde.

Quand la récolte est satisfaisante — ce ne fut par exemple pas le cas en 1972 et 1974, où les descendants du marquis de Lur-Saluces déclassèrent tout simplement l'ensemble de la production — le rendement du château d'Yquem laisse rêveur : 9 hectolitres à l'hectare, soit tout juste un verre par pied et par an !

LE SERVICE D'UN CHATEAU D'YQUEM

Les gourmets fortunés des cinq continents ont eu l'occasion d'en faire l'expérience : le château d'Yquem peut se boire « jeune » : de couleur jaune pâle, il est alors fruité et nerveux, mais un vieillissement allant jusqu'à plusieurs décennies, voire cent cinquante ans, lui confère une onctuosité, une race et un corps inimitables.

De dorée, la nuance du vin devient alors topaze brûlée, vieil acajou ou même noirâtre.

Ci-dessous : la « pourriture noble » à Sauternes ; les caves du château La Favrie ; macaron ornant la façade d'une riche demeure de négociant bordelais.

FRANCOIS MAURIAC, LE NOBEL DU SAUTERNES

François Mauriac, l'homme de Malagar, est le dernier en date des grands écrivains du vignoble. Si le prix Nobel se contenta d'être propriétaire de ses vignes, il n'en exprima pas moins son profond amour pour les racines familiales : « une propriété de vingt hectares plantée en vignes de plein rapport, sur la commune de Saint-Maixant, à quarante kilomètres de Bordeaux, où l'on récolte un bon vin, genre Sauternes, bien qu'il n'ait pas droit à l'appellation. Point de vue magnifique sur la vallée de la Garonne, maison de maîtres... »

LES SAUTERNES, AU PINACLE DEPUIS 1855

En 1855, les vins du Sauternais furent les seuls blancs à faire partie du fameux classement de l'Exposition Universelle et, à leur tête, maître incontesté, fut placé le château d'Yquem. Comme alors, et pour longtemps encore tout le laisse supposer, le monument homonyme trône en haut d'une butte qui préside aux horizons prestigieux du Sauternais. C'est sur les cent hectares de ce domaine et dans les dépendances de cette maison-forte du XVIe siècle à bretèche, tours et merlons, qu'est élaboré avec un soin infini un vin dont on a dit qu'il était « l'extravagance du parfait ».

DE LA CONTRIBUTION DES CHASSEURS AUX VINS DE SAUTERNES ET DE BARSAC

Le fabuleux Sauternes, ce vin couleur d'or où, selon François Mauriac, « flambe toujours le soleil d'un lointain été », est né sans doute autant du hasard que des travaux des hommes. Chaque visite d'un des châteaux du Sauternais est l'occasion d'en apprendre un peu plus sur les circonstances qui ont entouré la découverte du secret de ce vin de réputation mondiale, et tant mieux si ce ne sont là que légendes ou histoires enjolivées.

La version la plus connue est évidemment en rapport avec le château d'Yquem : on y raconte qu'en 1846, le marquis Bertrand de Lur-Saluces, s'étant attardé en Russie à la chasse à l'ours, ne put donner à temps à son intendant l'autorisation de vendanger. A son arrivée, le raisin avait piètre allure, mais, ô miracle, s'en dégagea un sublime vin de liqueur que, juste retour des choses, les grands-ducs de Russie allaient l'année suivante se disputer à plus de 20 000 francs-or le tonneau.

On dit aussi dans le pays que le moment des vendanges coïncide malheureusement avec le passage des palombes et que, ne parvenant pas à concilier leurs deux passions, les vignerons en vinrent à négliger parfois de récolter en temps voulu le fruit de leurs vignes, découvrant du même coup les bienfaits de la « pourriture noble ».

VINS DU VAL DE LOIRE

La Loire, c'est le plus long et l'un des plus beaux fleuves de France. De sa source, proche de l'Ardèche, jusqu'à l'Atlantique, entre Nantes et Saint-Nazaire, où se forme son estuaire, elle traverse toute une série de provinces et de régions viticoles. Ses vins, parfois appelés collectivement « Vins de la Loire », comprennent en réalité un grand nombre de crus intéressants qui offrent toute une gamme de qualités et qui sont élaborés dans les régions suivantes : Pays Nantais, Anjou et Saumur, Touraine, San-

cerre et Pouilly. Pour ces deux dernières régions, en effet, la géographie vigneronne et celle des géographes ne coïncident pas forcément. Les terroirs de Reuilly dans l'Indre, de Mennetou-Salon et de Quincy, dans le Cher, ne bordent pas vraiment les berges de la Loire. Ils y sont cependant associés par parenté. Ce sont cinq vignobles, consacrés par l'appellation Sauvignon, qui produisent environ 60 000 hectolitres sur 2 000 hectares, dont les quatre cinquièmes en vins blancs.

Il s'agit d'abord du *Pouilly-Fumé*, provenant exclusivement de sauvignon, blanc à la fois souple et légèrement musqué laissant un discret arrière-goût de « pierre à fusil ».

Et parce que sa vendange se fait tardivement, le pouilly-fumé, pleinement épanoui au soleil, prend une agréable rondeur avec les ans. Puis on trouve le *Sancerre*, blanc pâle, frais, très racé et doté d'un fruité et d'un bouquet engageant. Plus vite « fait » que son voisin le pouilly, il est certainement dans sa plénitude l'un des plus agréables parmi les blancs français. Mennetou-Salon est une appellation de 450 hectares de vignes, dont la moitié est constituée de sauvignon et le reste en pinot vinifié en rouge et en rosé. A Quincy, on retrouve le sauvignon et les vins ont une grande parenté avec ceux de Pouilly ; on les apprécie pour leur vivacité sans verdeur, leur

allant et leur finesse. Reuilly, sur les bords de l'Arnon, donne des vins très secs, un peu pointus mais désaltérants. Il faut s'empresser de les mettre en bouteilles. Le *Pouilly-sur-Loire,* enfin, dont l'appellation s'applique à des vins issus de chasselas, vins de carafe agréables, frais, à boire jeunes, sans beaucoup de caractère et de distinction.

Le vignoble du Pays Nantais se divise en trois zones : la première en bordure de la Loire se nomme « Coteaux de la Loire », la deuxième commence en bordure sud et s'étend sur cinq cantons, c'est la zone dite « Sèvre-et-Maine », enfin tout le reste du sud, dénommé « Pays de Retz », où l'on récolte surtout des vins courants, à l'exception d'un peu de muscadet et de gros-plant.

Le *Muscadet* (Appellation d'origine contrôlée : AOC) a droit, en plus, à deux appellations supérieures : Coteaux de la Loire et Sèvre-et-Maine. Son cépage est le melon de Bourgogne, qui fut importé de cette région entre le XVe et le XVIe siècle. Il fournit un vin blanc léger et fruité. Au repas, c'est le vin parfait, spécialement en entrée, car il est surtout excellent avec les fruits de mer, particulièrement les huîtres.

Qui connaît l'Anjou conçoit volontiers la nostalgie de Joachim du Bellay rêvant, sous le ciel ardent de la rutilante Italie, de la « douceur angevine ». Comment ne pas être subjugué par les crus d'Anjou et de Saumur, par leur lumineuse transparence, l'élégance de leurs tons, leur fruité, leur fraîcheur ou leur sève vigoureuse, qu'ils soient rosés, rouges ou blancs.

En Touraine, ce « Jardin de la France », les vignes existaient déjà au IVe siècle et ont donné des vins dont la célébrité n'a fait que croître. Rabelais, Ronsard les ont chantés, Jules Romains a dit d'eux « qu'ils sont l'essence de l'esprit français ». Le vignoble de Touraine couvre une superficie de 6 000 hectares environ, produisant 260 000 hectolitres à appellation contrôlée. La gamme de ses vins est complète : vin blanc de Touraine, *Vouvray,* Montlouis, vins rouges ou rosés de Touraine (comprenant les Azay-le-Rideau, Amboise et Mesland), Saint-Nicolas-de-Bourgueil, *Bourgueil, Chinon.* La qualité de ces crus provient de quatre facteurs : composition du terrain, choix des emplacements, situation des cépages et douceur du climat.

A gauche : vignoble en bordure de la Loire ; Chinon et Sancerre. A droite, un aspect des célèbres caves creusées dans la pierre, en Touraine.

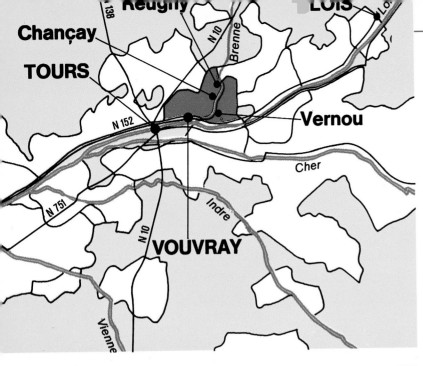

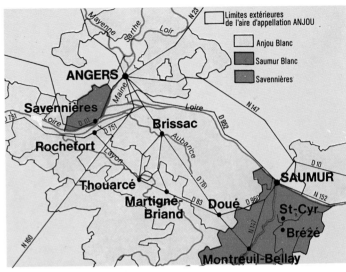

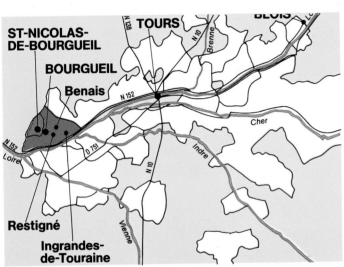

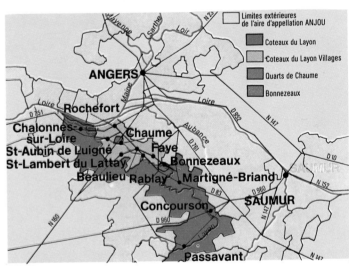

LES MUSEES DU VIN

Outre ses caves de dégustation et ses foires aux vins, le Val de Loire propose aux amateurs plusieurs musées qui sortent de l'ordinaire. On y découvre par exemple la panoplie complète des instruments anciens du vigneron, comme au petit musée du Champigny, à Chacé. Au cœur du pays du Muscadet, à la Haie-Fouassière, la maison des vins du pays nantais apprend tout ce qu'il est possible d'apprendre sur ce vignoble... en même temps que sur la biscuiterie locale, héritée des fouaces, ce gâteau dont Rabelais avait fait l'un des enjeux des guerres picrocholines.

Au pays du Layon, on trouve encore le remarquable musée de la Vigne et du Vin d'Anjou, établi à Saint-Lambert-du-Lattay, tandis que, en marge de notre propos, il ne faut pas manquer la visite du musée et de la distillerie Cointreau, à Saint-Barthélémy-d'Anjou.

LE VIN DE « DEGOUTANT »

On parle aussi de vin de « ragoûtant » pour cette rareté du vignoble des Fiefs vendéens, nouveau venu parmi les VDQS, qui portait autrefois le nom de Fiefs du Cardinal. Contrairement aux vins rosés de Mareuil, la principale production locale qui est issue de Gamay noir et de Pinot noir, le vin de « ragoûtant » est tiré de la Négrette, cépage fort peu répandu.

A le boire, ce vin est une heureuse surprise qui redonne son sens original à un adjectif tout droit sorti de la bouche de Rabelais.

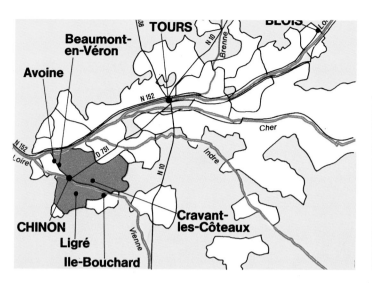

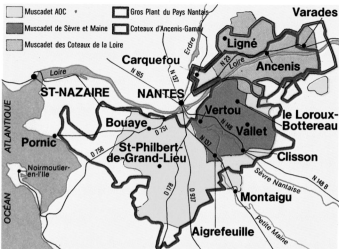

DES CONFRERIES VINEUSES A PROFUSION

Les vins de la Loire se prêtent à merveille au decorum et à la fantaisie, si l'on en juge par l'abondance des confréries dont ils ont inspiré la création. Toutes sont, peu ou prou, marquées de la patte de Rabelais et, parmi les principales, on retiendra les commanderies des Grands Vins d'Amboise, du Taste-Saumur, ou de la Dive Bouteille des vins de Bourgueil et de Saint-Nicolas-de-Bourgueil ; les confréries des Compagnons de Grandgousier, des Maîtres de chais, des Tire-Douzils de la Grande-Brosse, des Chevaliers de la Chantepleure de Vouvray, des Fins Gouziers d'Anjou, et des Hume-Pinot du Loudunais ; les Chevaliers de la Canette, du Sacavin d'Angers, et ceux de Sancerre ; et encore les Entonneurs rabelaisiens de Chinon.

LE SERVICE DES VINS DU PAYS NANTAIS

A tout seigneur tout honneur, le Muscadet doit être servi très frais, mais non glacé (autour de 8,5 °C). Excellent en apéritif, il accompagne

A gauche : crus du Val de Loire.
Ci-dessus : le fameux Muscadet.

aussi traditionnellement les coquillages, les crustacés, les poissons, et en particulier le brochet au beurre blanc qui est l'une des gloires de la cuisine régionale ; il en va de même avec les volailles, dont, autre gloire nantaise, le fameux canard au Muscadet.

Servi à la même température, le Gros-Plant se marie avec les fruits de mer et les poissons gras, comme la sardine ; enfin, avec la charcuterie et certains fromages locaux, on préférera les vins des Coteaux-d'Ancenis, à servir frais (10 °C).

UN FAMEUX VIGNERON D'ANJOU, LE PERE CRISTAL

Parisien, marchand de cotonnades et quinquagénaire, Antoine Cristal ne semblait pas devoir être appelé à un grand destin vigneron. C'est pourtant ce qu'il advint. En 1886, il acquit une propriété à Parnay, près de Saumur, et il se fit très vite connaître en triomphant, le premier en Val de Loire, du terrible phylloxéra. Puis, dans ce pays de grands vins blancs, il innova en hissant le

Champigny rouge au niveau des meilleurs. Bref, vingt ans après son arrivée en Anjou, Antoine Cristal fournissait la cour d'Angleterre.

Décidément doué de talents variés, le « père Cristal » dissimulait une âme de philosophe sensible sous des dehors bourrus et, parmi d'autres célébrités qui lui rendirent visite en son château de Parnay, Georges Clemenceau lui voua une amitié sans faille. Pour lui le Tigre eut cette phrase : « Un manchot peut compter sur ses doigts les hommes qui vous ressemblent. »

79

CHAMPAGNE

La région de Champagne est une très ancienne province de France, située à environ 150 km au nord-est de Paris, où se mêlent la douceur atlantique et la rigueur continentale. La zone viticole, déterminée par la nature du sol et du sous-sol, est officiellement délimitée par la loi du 22 juillet 1927 : elle couvre environ 30 000 hectares, dont un peu plus de 23 000 sont actuellement plantés de vignes. Elle comprend 250 villages ou crus différents, offrant chacun leurs caractéristiques propres et répartis dans la « Montagne » de Reims, la vallée de la Marne, la Côte des Blancs, les départements de l'Aube et de l'Aisne. Au-delà des limites de cette région, on ne peut pas faire du Champagne.

Les cépages nobles dont les raisins servent à la composition de ce vin illustre entre tous sont au nombre de trois : le pinot noir, qui lui apporte corps et longévité, le pinot meunier (noir également) apte à le mûrir rapidement, le chardonnay (blanc) qui lui confère légèreté, élégance et fraîcheur.

Les vins de la Montagne de Reims : Verzenay, Verzy, entre autres, sont fermes et fins. Ceux de Bouzy et Ambonnay sont pleins et corsés. Ceux de la vallée de la Marne, où domine Ay, sont harmonieusement équilibrés et possèdent un puissant bouquet. Il manquerait quelque chose à cette symphonie si l'on ne trouvait, au sud de la Marne, dans la célèbre Côte des Blancs, à Cramant et Avize surtout, des qualités de finesse et d'élégance telles que les Champenois n'ont rien de plus à désirer. Si leur vignoble leur demande tant de travaux et de soins, il leur promet plus qu'aucun autre au monde.

Il est certain que la vigne a existé en Champagne dès les temps les plus reculés. Mais, c'est Dom Pérignon, cellérier de l'abbaye d'Hautvilliers, à la fin du XVIIe siècle, qui a réussi à régler convenablement la fermentation pour obtenir des vins clairs conservant leur précieuse mousse légère. Unissant les qualités du dégustateur à la méthode et à la patience de l'observateur, il réalisa le premier des « Cuvées » ou assemblages de vins de divers crus, dotés ainsi

Le vignoble de Champagne : à Epernay (à gauche) et Villedommange (à droite), La croix est faite des outils du vigneron. Ci-contre, les caves du Champagne de Venoge.

d'un bouquet plus riche.

Comment doit-on boire le champagne ? Frais, à 6 ou 8 degrés. Glacé, il perdrait son bouquet. Le connaisseur ouvre discrètement la bouteille : il enlève le muselet, tourne lentement le bouchon, verse dans chaque verre un doigt de vin, puis remplit les verres embués. En aucun cas, on ne doit refroidir les verres avec de la glace.

Le champagne s'harmonise avec chaque mets : brut ou sec avec les entrées ; brut avec les poissons, les fruits de mer, les légumes et les viandes blanches ; rosé avec les viandes rouges, sec ou demi-sec avec les desserts. Lorsque vous achetez votre champagne (il compte alors quatre ou cinq ans), il est à son apogée. Il s'y maintiendra cinq autres années, peut-être davantage. Ne le conservez pas trop longtemps, même s'il arrive que l'exception confirme la règle.

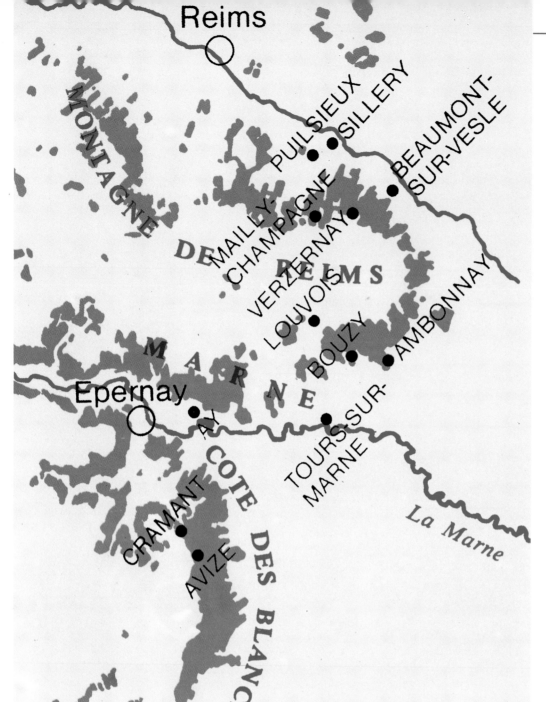

DES CHAMPENOISES D'EXCEPTION

Quelques grands Champagnes ont le privilège d'être présentés dans des bouteilles particulières, pour la plupart à l'ancienne, telle la « Dom Pérignon » qui reproduit une forme du XVIIIe siècle. Le culte du passé recouvre également la Belle Epoque, et tel est le nom d'une superbe et célèbre bouteille de Perrier-Jouet, née de l'imagination d'Emile Gallé.

Pour ce qui est de la couleur du verre, l'immense majorité des bouteilles adopte le « vert Champagne », toutefois certains Champagnes rosés ou blancs sont mis en valeur par un verre blanc, à l'exemple du « Cristal » de Roederer, qui rappelle une cuvée spéciale que le Tsar Alexandre II se faisait livrer dans des bouteilles du cristal le plus pur. Une folie que partageait en ce temps-là Napoléon III : la bouteille de cristal rehaussée d'incrustations d'argent dans laquelle l'Empereur faisait conserver sa cuvée personnelle survit aujourd'hui sous une forme plus démocratique grâce au verre moulé employé par la maison Mercier pour sa « Réserve de l'Empereur ».

Mais que l'on se console, point n'est besoin d'être une tête couronnée pour célébrer le mariage du cristal et du Champagne, puisqu'il est recommandé de servir le précieux breuvage dans des verres de cette qualité ; non des coupes, mais des verres à pied les plus fins possibles, en forme de tulipe ou de flûte.

SABRER N'EST PAS JOUER

« Déboucher » le champagne en faisant glisser le revers d'un sabre le long du col de la bouteille pour en casser le goulot, cela vous a une certaine allure, un peu comme de le boire ensuite à la russe. Mais, en Champagne et chez les connaisseurs, ce sont des manières que l'on réprouve, le cérémonial consistant au contraire à séparer lentement le bouchon de la bouteille, sans bruit ni décompression brutale. Pour ce faire, et si le bouchon ne vient pas seul après avoir été débarrassé dans un même geste du muselet et de son habillage, il est recommandé de le bloquer d'une main, tandis que l'on tournera doucement de l'autre la bouteille inclinée.

LES ETIQUETTES PETILLENT AUSSI

Tout en respectant les dispositions réglementaires, l'étiquette donne lieu à des variations infinies et les plus spectaculaires d'entre elles jouissent d'un beau succès dans les pays anglo-saxons, grands consommateurs de Champagne devant l'Eternel. La maison Deutz a, de la sorte, commercialisé une bouteille tout entière décorée par Georges Mathieu, autour d'une étiquette du même ; chez Taittinger, on fit appel à Vasarely, puis au peintre-sculpteur Armand ; Piper-Heidsieck ressuscita pour sa part une étiquette de 1882, premier centenaire de la maison, sur un dessin de Fabergé. Ailleurs, on agrémenta une « cuvée Liberty » d'un timbre postal oblitéré « 1er jour », où l'on organisa un concours de décoration gagné par l'école des Beaux-Arts de Paris, dont la création fut essaimée ainsi à travers le monde.

LES EXIGENCES DE L'ETIQUETTE

Signe de l'authenticité du Champagne, l'étiquette que porte chaque bouteille obéit à des règles bien définies, en dehors desquelles il n'est pas de vrai Champagne. A tout seigneur tout honneur, le mot de « Champagne » doit figurer bien en évidence, de même que la marque ou le nom du producteur ; doit aussi être indiqué le lieu de production du vin ou celui où est situé l'établissement commercial. La contenance de la bouteille est également mentionnée, ainsi que la teneur en sucre

soit, en ordre décroissant : « brut », « extra-dry », « sec » et « demi-sec ». L'étiquette renseigne en outre sur le millésime éventuel et les particularités de la cuvée, telles « blanc de blancs » ou « rosé ». Plus ésotériques sont les chiffres et les lettres figurant en général au bas de l'étiquette : il s'agit du numéro d'identification délivré par le Comité Interprofessionnel du Vin de Champagne, tandis que les initiales précisent le statut professionnel du producteur : « N.M. » signifie « négociant-manipulant », « R.M. », « récoltant-manipulant », « C.M. », « coopérative-manipulante » et « M.A. », « marque auxiliaire ».

Enfin, mais est-il besoin de le préciser, la mention « méthode champenoise » sur une étiquette indique que la bouteille en question ne contient rien qui mérite le nom de Champagne.

Ci-contre : ornementation vinicole de l'abbaye de Hautvillers, à laquelle appartenait Dom Pérignon, inventeur du champagne.

QU'IMPORTE LE FLACON

Universellement connue sous la forme de la « champenoise » traditionnelle de 75 centilitres, la bouteille de Champagne sait cependant s'adapter aux circonstances. Pour les menus plaisirs, elle se réduit à la dimension du Quart (20 cl), ou d'une Demie (37,5 cl), tandis que les grandes occasions la voient enfler jusqu'à pouvoir contenir seize fois le volume normal. Cette bouteille gargantuesque porte le nom de balthazar et trône au-dessus du salmanazar (12 bouteilles), du mathusalem (8 bouteilles), du réhoboam (6 bouteilles), du jéroboam (4 bouteilles) et du magnum (2 bouteilles). La vinification ne se fait qu'en bouteille traditionnelle et en magnum — ce dernier fournissant les meilleures conditions de vieillissement — les autres contenants font l'objet d'un transvasement.

83

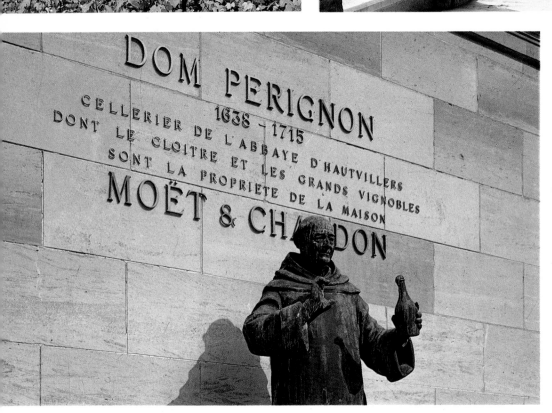

LA FABRICATION DU CHAMPAGNE

Le vin de Champagne naît en cellier où le moût, c'est-à-dire le jus issu du pressurage, est mis dans des pièces ou fûts d'une contenance de 205 litres, ou bien en cuves.

Une première fermentation a lieu, qui transforme ce moût en vin par décomposition du sucre en alcool. Lorsque cette fermentation est terminée et que le vin obtenu a été amené au degré de limpidité nécessaire, on compose la « Cuvée », dans les proportions fixées par des dégustateurs

C'est à Hautvillers que le moine Dom Pérignon découvrit l'art de la champagnisation. Ci-dessus : vue du village et du cloître de son abbaye. Statue de Dom Pérignon dans la cour d'honneur de la firme Moët et Chandon et reconstitution de sa table de travail. A droite, deux aspects des caves de Moët et Chandon.

expérimentés. L'art consiste à réaliser un ensemble harmonieux et équilibré. Ce qui est particulier aux vins de Champagne, c'est que la qualité finale de cet heureux assemblage est supérieure à la somme des qualités de chacun des composants.

Si l'année est très bonne, on ne fait entrer dans la cuvée que des vins de la dernière vendange et on obtient un vin millésimé. En d'autres cas, les réserves des années précédentes permettent d'ajouter au vin ce qui lui manquerait de force ou d'élégance pour satisfaire les connaisseurs.

Une fois la cuvée constituée, on procède à la mise en bouteilles, appelée « tirage ». Les bouteilles sont descendues en cave et une seconde fermentation se produit alors, beaucoup plus lente que la première. Les ferments agissent en effet sur le sucre resté en solution dans le vin, le transformant en alcool et gaz carbonique.

Mais ce dernier restera emprisonné dans la bouteille, rendant ainsi le vin effervescent et mousseux.

Après quelques mois, lorsque la mousse est « prise », on place les bouteilles sur des pupitres pour les soumettre au remuage :

pendant plusieurs semaines un remueur les fait osciller chaque jour d'un quart de tour, en leur imprimant une position de plus en plus oblique.

Il s'agit, ce faisant, de ramasser sur la paroi le dépôt qui s'est formé à la suite de la seconde fermentation.

Au bout de trois mois de remuage, les bouteilles se trouvent sur pointe, la tête en bas, et le vin est parfaitement clair. Il n'y a plus qu'à le laisser dans cette position une ou plusieurs années pour qu'il vieillisse lentement et acquière ainsi, sous une température basse et constante, la finesse et la délicatesse désirées.

Avant l'expédition, il suffira de le « dégorger », afin d'expulser le dépôt amassé contre le bouchon. On profite de ce dégorgement pour ajouter le plus souvent la « liqueur d'expédition », c'est-à-dire du sucre en solution dans un mélange de vin vieux de Champagne. Suivant la quantité plus ou moins grande de liqueur ajoutée, le vin est demi-sec, sec, extra-sec ou brut. Lorsqu'on mentionne un brut « zéro », cela signifie que le vin est nature et qu'il n'a reçu aucune adjonction de liqueur.

LES CONFRERIES DE CHAMPAGNE

Alors que certaines régions ont multiplié les confréries vineuses, la Champagne a su garder la mesure, qui compte essentiellement : l'ordre des Coteaux de Champagne, la commanderie du Saunte-Bouchon de Champagne et l'échevinage de Bouzy. Il est vrai que les vins de la province ont une réputation si bien établie qu'ils n'ont guère besoin de protection, ni de promotion, et qu'un doigt de folklore suffit à les enluminer.

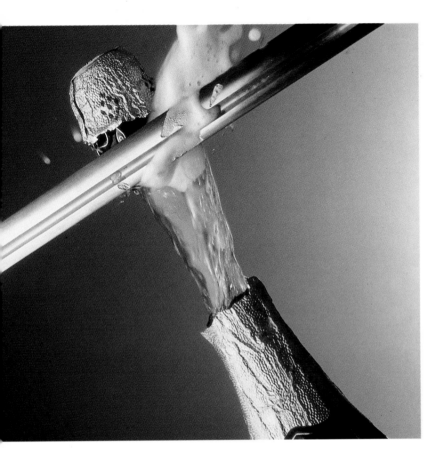

LA CONSERVATION DU CHAMPAGNE

Objet d'attentions délicates et prolongées au cours de son élaboration, le Champagne souffre d'être brutalisé et l'on doit éviter de secouer les bouteilles de ce précieux breuvage avant de le servir. En réalité, les soins domestiques commencent dès l'acquisition des bouteilles promises aux jours de fête, il convient en effet de conserver le Champagne à l'abri de la lumière, des variations de température, des trépidations, des courants d'air et des sources de chaleur, bouteille couchée, sans chercher à le faire vieillir, ce vin étant livré à un stade de parfaite maturité.

LES ANCETRES DU CHAMPAGNE

Au début, c'est-à-dire à partir de l'invasion romaine, le vin de Champagne fut blanc, puis on l'aima rouge et ensuite gris, issu du pressurage de raisins noirs. Déjà fort goûté outre-Manche, ce vin avait la fâcheuse habitude de « bouillonner dans ses vaisseaux » et l'idée de le mettre en bouteille revient aux Anglais, qui inventèrent ainsi le vin effervescent vers 1700. Quelques années plus tard Dom Pérignon réussit à doser au mieux cette fermentation et, le premier, assembla les meilleurs crus pour obtenir des « cuvées ».

LES AUTRES SEIGNEURS DE LA CHAMPAGNE

Il n'est Champagne que de la Champagne, on ne le répétera jamais assez, mais le Champagne n'est pas le seul vin issu de cette province, loin s'en faut. Précisons que, par nature, tout Champagne est AOC (Appellation d'Origine Contrôlée) et que cette mention, exceptionnellement, ne figure pas sur l'étiquette. Fabriqués à partir des meilleurs raisins, les cousins les plus proches de ce vin de prestige sont le Crémant et les Coteaux champenois : le premier n'est pas complètement champagnisé, il pétille faiblement et sa mousse forme à la surface une crème qui lui a donné son nom. Les seconds, devenus AOC en 1974, sont des vins tranquilles, des Champagnes non champagnisés hérités des « vins nature de Champagne ». Le Coteau champenois le plus réputé porte le nom de la commune de Bouzy, célèbre pour abriter une rarissime « vieille vigne française préphylloxérique », pour laquelle la maison Bollinger n'emploie que des techniques et des instruments d'antan. A ce chapitre historique, on peut faire figurer le troisième AOC de la Champagne : il s'agit du fameux rosé des Riceys, l'un des vins préférés de Louis XIV qui l'avait découvert par l'entremise des terrassiers de Versailles, originaires des trois villages des Riceys, situés à l'extrême sud du vignoble de l'Aube. Enfin, dans un autre registre, la Champagne produit un délectable marc du pays, ainsi que du ratafia obtenu en ajoutant de l'eau-de-vie de Champagne au moût de raisin de la région.

UN FOUDRE QUI N'EST PAS DE GUERRE

Depuis 1945, l'élaboration du Champagne se fait dans des cuves d'acier inoxydable, en remplacement des traditionnels tonneaux de bois. Le summum de la tonnellerie fut sans doute atteint lorsque Eugène Mercier commanda un foudre géant capable de contenir l'équivalent de 200 000 bouteilles de Champagne : créateur d'événements et précurseur de la publicité pour le Champagne, dont il voulait démocratiser l'usage, le fondateur de la célèbre maison avait imaginé de faire de ce tonneau monstrueux l'une des attractions de l'Exposition universelle de 1889. Il fallut pour cela atteler l'engin à vingt-quatre bœufs, qui mirent une dizaine de jours à rallier la capitale, non sans qu'on fût obligé d'abattre des maisons pour lui livrer le passage. Ramené par les mêmes moyens dans les caves de Mercier à Epernay, ce foudre monumental — le plus grand de France — en est depuis lors la vedette — Il parade au musée Mercier, à l'orée du labyrinthe des souterrains que parcourent sans trève de petits trains électriques — signe des temps —, entre des rangées luisantes de bouteilles vertes, alignées à en donner le vertige.

SIR WINSTON CHURCHILL, UN HOMME AUX GOUTS SIMPLES

C'est ce qu'il prétendait lui-même, car, ajoutait-il : « je ne choisis que le meilleur ». En matière de champagne, l'homme d'Etat avoua d'abord une prédilection pour celui de la Veuve Clicquot, mais il finit par expliquer qu'il l'avait surtout apprécié parce qu'il croyait que la grande dame du champagne avait perdu son époux sur les champs de bataille de la Première Guerre mondiale ! Quand on lui eut expliqué ce qu'il en était, Churchill s'enticha du Pol Roger, au point de donner ce nom à son cheval préféré.

EST-CE BIEN A DOM PERIGNON QUE L'ON DOIT LA MOUSSE ?

Rien n'est moins sûr, et malgré tout le respect qu'ils portent au moine fameux, les Champenois reconnaissent que l'effervescence de leur vin, si elle fut découverte au XVIIe siècle, ne le fut probablement pas à l'abbaye d'Hautvillers. Mais ce « vin diable » avait beau mousser, il était encore impur et taché et ne ressemblait guère au champagne d'aujourd'hui, comme le confirme en 1821 un écrit de Dom Grossard, le dernier procureur d'Hautvillers : « C'est Dom Pérignon qui a trouvé le secret de faire du vin blanc mousseux, car, avant lui, on ne savait faire que du vin paillé ou gris. »

QUELQUES DATES

Moins importante que la connaissance des millésimes, celle des jalons historiques du Champagne n'en renseigne pas moins sur l'importance des traditions et sur le soin extrême qui président à l'élaboration de ce vin.

A partir de l'intervention de Dom Pérignon, l'histoire du Champagne s'accéléra de façon spectaculaire : en 1728 le conseil du roi autorise le transport du vin en bouteille, l'année suivante la première maison de commerce voit le jour — Ruinart, la doyenne des marques, qui a toujours bon pied bon œil. En 1804, Mme Clicquot propose le premier Champagne rosé. Vers 1840, ce sont les étiquettes qui font leur apparition sur les bouteilles, puis Mme Pommery lance le « brut » en 1860, dix ans avant les premiers millésimes.

Ensuite, la technique et la réglementation interviennent en renfort de la science séculaire des vignerons : les premières machines sont mises en place au début du XIXe siècle, la tireuse en 1825, la boucheuse en 1827, la doseuse et la rinceuse en 1844, la machine à ficeler en 1846, tandis qu'en 1884 Raymond Abelé invente le banc de dégorgement. En 1927, après un long intermède dû au phylloxéra et à la Grande Guerre, la zone viticole du Champagne est officiellement délimitée, et, plus près de nous,

apparaissent les cuves métalliques, l'automatisation du dégorgement, de la finition, et même du remuage.

TOUTE UNE VIE POUR LE CHAMPAGNE, DOM PERIGNON

En 1668, quand Dom Pérignon se vit confier la charge de cellérier de l'abbaye de Hautvillers, il n'avait que trente ans mais ses dons œnologiques étaient déjà connus de toute la Champagne. On ne connaît pas le détail de son ouvrage car les registres de l'abbaye ont disparu dans la tourmente révolutionnaire et seule la tradition orale relate cette existence entière consacrée au champagne.

Parmi les anecdotes parvenues jusqu'à nous, plusieurs concernent l'innovation fondamentale qui consista à adopter des bouchons de liège. Toutes concordent sur l'époque et présentent un Dom Pérignon aveugle et rendu à la fin de son âge, mais toujours très attentif à ce qui pourrait améliorer la qualité de son vin. L'une de ces histoires parle ainsi de deux bénédictins espagnols en route pour la Suède et faisant escale à Hautvillers : pour boucher leur gourde d'eau ils utilisaient un curieux objet, « provenant de l'écorce d'un chêne » : ce dispositif fut aussitôt adopté par Dom Pérignon.

Enseignes de viticulteurs à Hautvillers.

FRAPPER AVEC DOUCEUR

Mettre une bouteille de Champagne à rafraîchir au congélateur ou dans le bac à glace du réfrigérateur est une faute grave, car un froid excessif « casse » le vin. D'ailleurs le Champagne se déguste frais et non glacé, entre 6° et 8° centigrades, selon qu'il s'agit de blanc de blancs et de Champagnes jeunes ou de millésimés et de Champagnes vineux.

L'idéal pour ce faire est de le disposer vingt à trente minutes à l'avance dans un seau contenant un mélange d'eau et de glace : cela s'accorde bien à un breuvage des plaisirs impromptus, qui ne s'embarrasse ni du jour ni de la nuit, ni d'un repas ou d'un plat particulier. Cependant, si le temps n'est pas compté avant de le sabler, on peut aussi placer le Champagne une demi-journée dans la partie la moins froide d'un réfrigérateur.

Les verres eux-mêmes ne doivent pas être refroidis autrement qu'en y versant d'abord un doigt de Champagne destiné à les embuer. L'ultime précaution consiste alors à ne remplir les verres qu'aux deux-tiers, pour que le nez du consommateur soit à la fête, juste avant son palais.

UN BOUCHON AUX COURBES ELOQUENTES

Reconnaissable entre tous à sa forme en champignon et au mot Champagne qui le marque, le bouchon qui maintient en sommeil l'effervescence chère à Dom Pérignon n'a, au départ, d'autre originalité que celle de sa dimension. Il s'agit en effet d'une pièce de liège très classiquement cylindrique, mais d'un diamètre un peu supérieur à la normale, qui n'acquiert sa forme caractéristique qu'après l'embouteillage, sous l'effet des fortes pressions auxquelles elle est soumise : ainsi se dessine la « tête » arrondie que viendra recouvrir le mantelet, et le « manche » qui reste dans le goulot.

Par là même, sa configuration au moment où le breuvage magique se trouve libéré renseigne sur l'évolution du Champagne que l'on s'apprête à déguster : après quelques mois de dégorgement, le bouchon montre un manche bombé évoquant le pied d'un bolet ; après six mois à un an, ce manche est au contraire creusé et concave, tandis qu'au-delà de dix-huit mois, on le découvre à peu près cylindrique.

VINS D'ALSACE

Sur le flanc des Vosges qui dévale vers la plaine du Rhin, les vignes d'Alsace s'étirent sur une centaine de kilomètres en un long et mince ruban ondoyant, ne dépassant guère deux kilomètres de largeur. Près de Mulhouse, au sud, Thann ouvre la porte de ce vignoble qui, sur la carte, grimpe à la verticale au-delà de Strasbourg, au nord, jusqu'à Marlenheim. Il représente 12 000 ha de vigne AOC, avec une production annuelle moyenne de 800 000 hectolitres (115 millions de bouteilles).

Il s'agit bien d'une production bien typée de vins secs, fruités, bouquetés, dont 96 pour cent sont blancs. Depuis 1972, tous les vins d'Alsace sont mis en bouteilles dans la région de production, garantissant ainsi au consommateur l'authenticité indiscutable et la qualité certaine propres à la mise d'origine.

Les cépages d'Alsace sont au nombre de sept et donnent six vins blancs et un rosé. Chacun possède un bouquet et un fruité qui permettent de l'identifier facilement.

Le *Sylvaner* est un vin blanc sec, frais, léger et fruité, très agréable à boire et facile à apprécier. Le *Riesling* est un vin blanc très sec, fier, viril, racé, d'un fruité exquis, d'un bouquet délicat. Le *Gewürztraminer* est un vin corsé, bien charpenté, sec, moelleux dans les grandes années, d'un bouquet merveilleux, subtil et élégant qui enveloppe le nez et remplit la bouche. Le *Muscat d'Alsace* est un vin sec, fruité, au bouquet caractéristique. Il vous donne l'impression de croquer du raisin frais. Le *Pinot Gris* ou tokay d'Alsace est capiteux, opulent et corsé, d'un fruité discret et sans désinvolture. Le *Pinot Blanc* ou Klevner se révèle souple et nerveux ; c'est un compagnon franc et sans détour, que l'on peut employer partout où l'usage d'un vin blanc s'impose. Le *Pinot Noir* ou rosé d'Alsace, unique Alsace à ne pas être blanc, est connu depuis longtemps dans cette région, où la production des vins rouges était, il y a quelques siècles, très importante. Aujourd'hui, ce cépage prestigieux produit un vin rosé sec et délicieusement fruité, très apprécié pour sa fraîcheur.

Le sylvaner et le pinot blanc sont classés comme cépages fins, le riesling, le gewürztraminer, le muscat et le tokay comme cépages nobles. Les cépages dits courants sont le knipperlé, le chasselas et le goldriesling.

Fait extrêmement rare dans le vignoble français : on reconnaît généralement les appellations d'Alsace au nom du cépage d'origine et non pas grâce au nom du cru. C'est certainement là une illustration gourmande de la remarque d'Olivier de Serres : « le génie du vin est dans le cépage ». Il y a pourtant des exceptions qui confirment la règle et certaines appellations sont des noms de crus comme le Pfersigberg d'Eguisheim, le Kaeferkopf, le Kanzerlerberg, le Rangen de Thann, le plus corsé du vignoble alsacien, si violent qu'une malédiction locale dit : « Que le Rangen te frappe ! »

Ci-contre : vendanges dans la plaine d'Alsace. A droite, un village au milieu du vignoble : Andlau. Un tonneau orné, à Wissembourg.

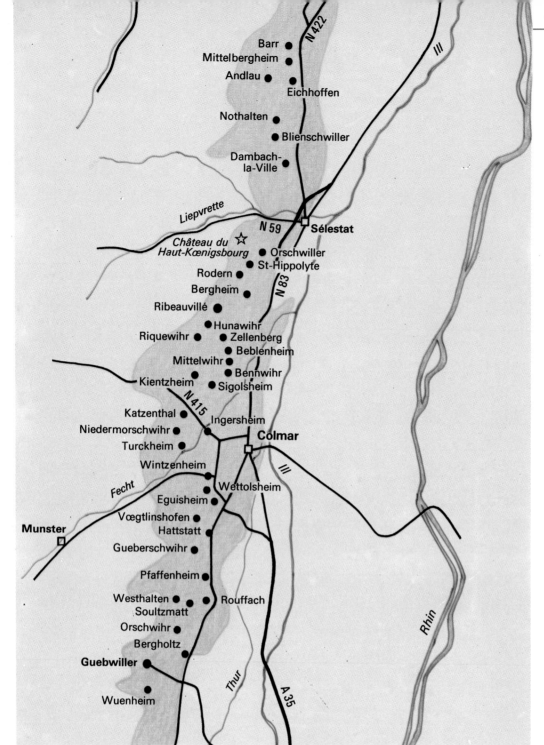

L'EDELZWICKER

Constituant un cas à part au milieu des noms qui se rapportent à de grands crus ou à des cépages, l'appellation fort ancienne d'Edelzwicker désigne des vins issus d'un mélange de cépages. Il s'agit d'un héritage du temps où le vignoble d'Alsace comportait une majorité de parcelles mêlant plusieurs variétés, dont surtout les Pinot blanc, Auxerrois, Sylvaner et Chasselas. Très apprécié sur place où l'on sait distinguer les bons Edelzwicker des moins bons. Cette production doit donc de préférence être dégustée à une table alsacienne réputée.

DANS LA CUISINE AUSSI

Plus que les autres provinces françaises, l'Alsace a marié ses vins à la cuisine régionale, faisant d'eux une composante essentielle de sa gastronomie. On pense bien sûr d'abord à la choucroute, cuite dans le Riesling et relevé d'un verre de kirsch, mais denombreuses spécialités font aussi intervenir les vins locaux. C'est le cas de la tourte vigneronne, préparée à base d'épaule de veau et de porc qui marinent pendant une bonne nuit dans du vin blanc de la province avec des échalotes et des herbes. C'est encore le baeckeoffe, un ragoût de plusieurs viandes et légumes arrosé de Pinot blanc, le coq au Riesling ou le faisan à l'Alsacienne, préparé au Sylvaner.
Le vin d'Alsace va bien également aux poissons : on connaît ainsi la matelote au Riesling, le délice de sandre ou encore le brochet de l'Ill à la crème, tous arrosés, pochés ou cuit avec du Riesling.

LA ROUTE DU DANUBE

Si la culture organisée de la vigne s'est développée en Alsace dans le sillage des légions romaines parcourant le Rhin, une activité de cueillette existait dans la région depuis les temps préhistoriques. Il est en outre probable qu'avant l'arrivée des Romains, des plants sélectionnés avaient été acclimatés par des bergers-vignerons venus du Danube. Cette même route a, par la suite, permis au Tokay de prospérer en Alsace aussi bien qu'en Hongrie, sans que l'on sache dans quel sens s'est fait l'échange : le symbole en est, à Colmar, la statue du baron Lazare de Schwendi tenant un cep de cette variété.

« VENDANGES TARDIVES » D'ALSACE

Correspondant à des techniques depuis longtemps pratiquées, mais officielles depuis 1984 seulement, les appellations « vendanges tardives » ou « sélection de grains nobles » indiquent, on l'aura deviné, des vins issus de vendanges surmûries. Produits seulement lors des années exceptionnelles, ces vins sont soumis à des conditions de fabrication d'une extrême rigueur, ce qui justifie à la fois leur grande classe et leur prix très élevé. Ces appellations ne peuvent s'appliquer qu'aux vins issus des cépages Gewürztraminer, Pinot gris, Riesling et, plus rarement, Muscat.

LES VINS DE MOSELLE

En marge des vins d'Alsace, il faut mentionner les VDQS de Moselle, blancs, rosés et gris, produits sur les maigres vestiges d'un vignoble autrefois florissant. Ces vignes — les plus septentrionales de notre pays — sont cultivées hautes et larges, à la mode du Luxembourg voisin ; très morcelées, on les voit sur la frontière autour de Sieck-les-Bains, dans les environs de Metz, ainsi qu'autour de Vic-sur-Seille.

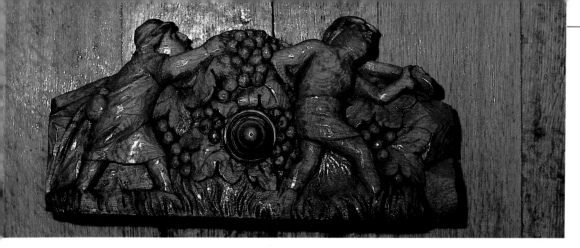

qui se rapportent aux vins d'Alsace. Les caves du château renferment en effet une remarquable œnothèque de 30 000 bouteilles, avec des vins datant de 1834 à 1937, ainsi que tous les millésimes de 1945 à nos jours. Il va de soi que cela confère une autorité certaine à une confrérie qui « sigille » et distingue chaque année les crus les plus dignes du vignoble d'Alsace.

LA FLUTE D'ALSACE

Tous les vins d'Alsace à appellation contrôlée doivent réglementairement être embouteillés dans l'aire de production au moyen d'une bouteille spécifique en forme de flûte, dite « Alsace ». Sa contenance est de 70 cl pour le conditionnement le plus courant, la teinte employée est verte et la mention « Alsace » est gravée sur son fond.

LES GRANDS CRUS D'ALSACE

La différenciation des vins d'Alsace par les cépages n'a pas complètement effacé la notion de cru et, depuis 1975, les meilleurs terroirs plantés en Gewürztraminer, Pinot gras, Riesling et Muscat peuvent faire l'objet d'une « appellation alsace grand cru contrôlée ». Actuellement, près de cinquante lieux-dits donnent ainsi leurs titres de noblesse aux plus remarquables des vins d'Alsace.

ker, mais cette jeunesse peut se prolonger, surtout pour les années de grande maturité du raisin. Les vins issus des autres cépages s'épanouissent plus lentement et l'on s'accorde ainsi à dire qu'il ne faut pas boire les Riesling, Gewürztraminer et Pinot gris avant qu'ils aient atteint deux ans d'âge. En général, les qualités des vins d'Alsace déclinent après cinq années de conservation, mais les grandes années sont à l'origine de sublimes exceptions à cette règle et des millésimes aussi anciens que 1928 continuent de se bonifier.

longue période, car, en 1947, quand elle fut reconstituée dans la tradition, elle n'était en sommeil que depuis une centaine d'années.
Son siège est au château de Kintzheim, l'ancienne résidence du fameux baron de Schwendi et c'est au-dessus d'un trésor inestimable que ce cadre d'apparat voit se dérouler les principales cérémonies

JEUNES OU VIEUX ?

Beaucoup de viticulteurs et d'amateurs défendent l'idée qu'il faut boire jeunes les vins d'Alsace. C'est vrai pour la plupart des Sylvaner, Chasselas, Pinot blanc et Edelzwic-

LA CONFRERIE SAINT-ETIENNE

Fondée au XIVᵉ siècle à Hammerschwihr, près de Colmar, la confrérie Saint-Etienne est, sinon la plus ancienne de France, du moins celle qui a exercé son activité sur la plus

En haut : sculpture sur bois à Eguisheim. Ci-dessous : vue de Hunawihr et ses vignes. En dernière page : un curieux aspect des toits de Clos-de-Vougeot.